KB125832

마키아벨리와 정치 토크 ❶

사랑받는 자가 될까
두려운 자가 될까

이상이 아닌 현실에서 살아남기 위한 질문

마키아벨리와 정치 토크 ❶

사랑받는 자가 될까
두려운 자가 될까

이상이 아닌 현실에서 살아남기 위한 질문

펴낸날 | 2019년 6월 28일

지은이 | 이남석

편집 | 김지환
표지 일러스트 | 이진우

펴낸곳 | 도서출판 평사리 Common Life Books
출판신고 | 제313-2004-172 (2004년 7월 1일)
주 소 | 고양시 덕양구 중앙로558번길 16-16 능곡종합프라자 710호
전 화 | 02-706-1970 팩 스 | 02-706-1971
전자우편 | commonlifebooks@gmail.com

이남석 ⓒ 2019
ISBN 979-11-6023-249-3 (03340)
ISBN 979-11-6023-248-6 (세트)

❶ 마키아벨리와 정치 토크

사랑받는 자가 될까
두려운 자가 될까

이상이 아닌 현실에서 살아남기 위한 질문

이남석 지음

평사리
Common Life Books

일러두기 __ 이 책에서 마키아벨리가 지은 『군주론』의 구절을 인용할 경우, 저자가 번역하고 주해한 『군주론: 시민을 위한 정치를 말하다』(평사리, 2017)에서 뽑았고, '(『군주론』, 00쪽)' 꼴로 줄여서 표기했다.

이 글은 마키아벨리가 가져온 패러다임의 근본적 전환을 다룹니다. 그가 가져온 변화가 얼마나 혁명적이었는지 알아보기 위해 사과를 비유로 사용합니다. 위대한 혁명적 활동가들은 패러다임을 근본적으로 전환시킬 때 사과를 이용하곤 했습니다. 뉴턴의 물리학 사과, 세잔의 미술 사과, 마그리티의 초현실주의 사과, 비틀즈의 스미스 사과, 애플의 벌레 먹은 사과, 빅뱅 소속인 GD의 다양한 사과가 그 예입니다.

마키아벨리는 인간 사유의 패러다임을 근본적

으로 바꿉니다. 그는 귀족, 부자, 군인 등을 정치에서 배제하고, 절대다수인 시민, 백성, 인민을 위한 정치를 말합니다. 그는 귀족과 부자, 군인이 아니라 양적 다수이자 질적 소수인 시민, 백성을 위한 정치를 역설합니다. 또한 그는 윤리적으로 올바른 삶이 아니라 현실적으로 올바른 삶을, 하늘에 떠 있는 윤리가 아니라 현실에 존재하는 윤리를 논의합니다.

이 글은 『군주론: 시민을 위한 정치를 말하다』와 2017년 여름 책읽는사회만들기운동본부에서 행한 강의를 토대로 집필되었습니다. 저서는 마키아벨리의 이론을 다룬 반면, 강연은 다양한 사례와 비유를 들며 설득에 집중하였습니다. 양자의 화학적 결합의 산물인 이 글은 마키아벨리 이론의 대중적 소개라는 성격을 지닙니다.

마지막으로 이 글은 스마트폰 시대의 글쓰기와 읽기를 어떻게 할 것인가라는 고민의 산물입니다.

유튜브, 틱톡, 인스타그램 등 정보 전달의 영상매체로 급격한 이동은 어떻게 쓰고 읽어야 할 것인가라는 질문을 던지고 있습니다. 이 글은 그 고민의 결과입니다. 영상정보 시대에 맞는 다양한 글쓰기와 읽기가 나오면 좋겠습니다.

2019년 6월

이남석

잡설

강의를 시작하겠습니다.

오늘은 주로 마키아벨리의 패러다임 전환과 관련해서 말씀드리겠습니다. 강의 주제는 '마키아벨리와 혁신'입니다. 패러다임의 전환이라는 관점에서 접근하겠습니다.

명화를 보면서 마키아벨리의 사상에 접근하도록 하겠습니다.

인류사에서 사과는 커다란 의미가 있습니다.
뉴턴의 사과는 가장 대표적인 패러다임 전환을 가져온 사과 중 하나입니다.

아래와 같은 사과 이야기가 하나씩 나올 것입니다.

첫째, 패러다임 전환의 사과와 세잔의 사과입니다.
둘째, 역시 패러다임 전환의 사과와 르네 마그리트의 초현실주의 사과입니다.

셋째, 패러다임 전환의 사과와 비틀즈의 사과입니다.

넷째, 패러다임 전환의 사과와 애플사의 사과입니다.

맨 마지막 다섯째는 사과는 없지만, 아이러브 김홍도입니다.

마키아벨리도 중요하고 사과도 중요합니다.

사과 이야기를 양념으로 삼아 마키아벨리의 패러다임의 전환 사상에 접근하겠습니다. 사과를 잊고 마키아벨리 사상에 집중해 듣는다면, 강의를 아주 잘 들으신 겁니다. 마키아벨리의 『군주론』 강의를 들으러 오셨기 때문입니다.

농담입니다만 반대로 마키아벨리를 잊고 사과만 기억해도, 강의를 아주 잘 들으신 겁니다. 왜냐하면 마키아벨리를 연구 대상으로 삼는 게 아니라면, 마키아벨리를 심각하게 볼 필요는 없기 때문입니다. 이 경우 사유의 혁명적 전환에 집중하는 것이 더 중요하기 때문입니다.

세잔의 사과와
그 가격

사과(폴 세잔, 1889~1890, 출처 Sotheby's)

이 그림의 가격이 얼마인지 아십니까?

세잔의 사과 그림입니다. 아마 가격을 들으시면 까무러칠지도 모릅니다. 2013년 소더비 경매에서 4,160만 달러에 팔렸습니다. 당시 기준 우리 돈으로 따지면 약 450억 원 정도입니다.

무엇 때문에 이 사과 가격은 그리 비쌀까요?

흔히들 세잔의 사과는 맛이 없어 보인다고 말합니다. 우리가 생각하는 사과와 달라 세잔의 사과는 마치 플라스틱 사과를 그려놓은 듯한 느낌을 준다고 합니다. 그런데 왜 그렇게 비쌌을까요?

저 그림이 그려진 19세기 말과 20세기 초는 인류 역사상 상당히 급격한 전환과 변환, 혁신의 시대였습니다. 대략 1880년에서 한 1910년 정도까지, 세잔에서 화가 뒤샹까지 활동하던 시대입니다. 아인슈타인이 상대성 이론을 주장했던 시기이도 합니다.

또한 위대한 소설가 도스토예프스키가 1880년
도 무렵 『카라마조프가의 형제들』을 출간했으며,
니체가 활동했으며, 마르크스의 말년이기도 했으
며, 프로이트가 1900년도에 『꿈의 해석』을 출판했
던 시기입니다.

해체의 시대가 나타납니다.

이 시기를 해체의 시대라고 부를 수 있습니다.
해체란 우리가 아는 고정관념으로서 진리를 회의
하고 의심했다는 뜻입니다. 그리고 다양성의 관점
에서 새로운 이론을 만들어냈다는 뜻입니다. 고전
역학, 물리학의 체계도 무너졌습니다. 아직도 우리
사회에서 횡행하지만, 유럽에서는 신도 죽여버렸
습니다. 도덕과 양심, 윤리도 인간의 욕망 앞에 무
력해졌습니다.

세잔의 사과는 인류 사유 혁명의 전야입니다.

세잔의 사과는 무척 특이합니다. 보는 시점이 다 다릅니다. 저는 개인적으로 명화를 볼 줄 아는 눈이 없습니다. 이 그림이 왜 위대한지 아는 화가에게 물어보았습니다. 보는 각도에 따라 다 다르게 그려졌다고 합니다. 마치 굴러떨어질 것 같은 사과에서 안정적으로 자리를 잡은 사과까지 한 화면 안에 다 있다고 합니다.

세잔은 다시점(多視點)을 활용해 이 그림을 그렸다고 합니다. 관람자는 내가 어떤 각도에서 보느냐에 따라서 사과를 다르게 볼 수 있습니다. 위에서, 아래에서, 옆에서, 사선에서 본 다양한 시선이 한 화면에 정지되어 있습니다.

세잔의 사과가 나온 뒤에
인류는 사상의 혁명을 겪습니다.

아인슈타인의 상대성 이론이 나오면서 뉴턴 이후 고전 물리학도 깨졌습니다. 뒤샹의 〈계단을 내려오는 나오는 나부〉와 〈샘〉은 우리가 흔히 알던 미의 관점도 다 전복했습니다. 우리는 비로소 피카소의 그림을 접하게 됩니다.

화가 중에는 천재가 많지 않습니다.

음악, 문학, 수학 등 다양한 분야에서 천재가 많지만, 유독 미술에는 천재가 없습니다. 천재가 있다고 한다면 피카소 정도를 이야기합니다. 왜 음악에는 천재가 많은데 미술에는 천재가 없을까요?

한나 아렌트가 『인간의 조건』에서 이 내용을 스치듯이 언급합니다.

천재의 조건은 무엇일까요?

10살 이전에 두각을 나타내야 하고, 일찍 죽어야 합니다. 모차르트나 슈베르트는 천재입니다. 이들은 어려서 걸출한 능력을 보여주었지만, 젊은 나이에 죽습니다.

화가는 이름을 날리려면 일단 오래 살아야 합니다. 자연의 질서를 해석해내는 음악과 달리 미술은 명성을 얻기까지는 오랜 시간 손작업 훈련을 거쳐야 하기 때문입니다. 오랜 시간 해온 훈련을 바탕으로 자신의 세계를 나타냈을 때, 화가들은 이름을 얻게 됩니다. 심지어는 죽고 난 뒤에서 화려한 명성을 얻기도 합니다. 이런 이유로 우리가 생각하는 천재가 미술에는 없는 것 같습니다. 아마 예술을 구성하는 방식이 다르기 때문일 것입니다.

하지만 화가들은 천재 중 천재입니다.
시대를 한 발 앞서 표현하기 때문입니다.

화가들은 항상 시대를 앞서서 세상을 밝혀줬다는 점에서 진정한 천재입니다. 세잔의 사과는 보는 각도와 시점에 따라 동일한 대상이 다르게 보인다는 점을 천재적으로 보여줍니다.
우리가 잘 아는 뒤샹의 〈계단을 내려오는 나부〉라는 그림이 있습니다. 1968년인가 1969년도에 당시에 경매가로 200만 달러였다고 합니다. 이 그림이 처음 나왔을 때는 200달러였다고 합니다.

〈계단을 내려오는 나부〉는
왜 우리한테 영감을 줄까요?

우리는 '나부(裸婦)'라고 하면, '계단을 내려오는 나체의 여인상'을 머릿속에 떠올리며 옷을 다 벗은 누드나 포르노를 생각합니다. 뒤샹이 그린 나부는 다릅니다. 그는 동일한 대상이라고 할지라도, 시간에 따라 다르게 보일 수 있다는 생각을 천재적으로 〈계단을 내려오는 나부〉에서 표현합니다. 한 화면에 여러 시간이 동시에 나타납니다. 정말 놀라운 천재적 발상입니다.

세잔이 물리적 공간을 해체했다면,
뒤샹은 물리적 시간을 해체합니다.

그들 이후 기존의 가치나 관념은 전복되었습니

다. 지금 식으로 이야기하면 세기 말의 현상입니다. 1967년에서부터 1971년도, '68혁명'이라 칭할 수 있는 이때 또 한 번 전복의 시기가 찾아옵니다.

모나리자 미소의
가치

지금까지 예를 통해 패러다임의 전환을 이야기했습니다. 마키아벨리는 정치사상, 아니 인문학, 인간학 일반에서 패러다임을 완전히 전복했습니다. 인류 역사가 시작된 이래 마키아벨리 같은 사상가는 나오지 않았으며, 이후 지금까지도, 어쩌면 앞으로도 그만한 인물은 영원히 출현하기 힘들다고 생각할 정도로 위대한 사상가입니다.

코페르니쿠스는 1474년에서 1543년까지 살았습니다. 천동설에서 지동설로, 코페르니쿠스적 전회를 이야기합니다. '콜럼버스의 달걀'을 다 잘 압니다. 콜럼버스는 1446년에서 1506년까지 살았습니다. 그리고 레오나르도 다빈치가 모나리자를 그렸던 때가 1503년에서 1506년입니다.

마키아벨리는 이 무렵 바로 뒤에 책을 쓰기 시작했습니다. 언뜻 생각해보면, 1880년대 말이나

1960년 말을 세기말적 전환, 패러다임의 전환이라 명명한다면, 1500년대에도 패러다임의 근본적인 전환을 가져왔던 시기라고 말할 수 있겠습니다.

〈모나리자의 미소〉는
인간에게 웃음을 되찾아주었습니다.

〈모나리자의 미소〉가 '도대체 뭐길래' 패러다임의 전환이야? 이런 질문이 나올 법합니다. 마키아벨리는 모른다고 치고 코페르니쿠스나 콜럼버스도 알겠는데, 왜 〈모나리자의 미소〉가 패러다임의 전환이야? 이런 질문은 정당합니다. 다 잘 아는 그림인데, 이것을 인문학적이나 사회과학적으로 해석해보면 대단히 재미있습니다.

'웃음'을 소재로 한 그림을 보신 적 있나요?

모든 상식을 동원하고, 열심히 찾아보십시오. 웃음을 소재로 한 그림은 거의 없습니다. 과거에도 현재에도 그림이나 조각상 중에 웃음을 소재로 한 작품은 거의 없습니다.

다빈치는 웃음이 소멸한 과거 천년과 가톨릭과 단절했습니다.

〈모나리자의 미소〉가 나왔을 때까지도 가톨릭이 지배했던 중세사회입니다. 많은 화가가 종교화를 그렸습니다. 그 많은 화가의 작품 중에 예수님이나 하나님이 웃는 그림, 아니면 박장대소하고 웃는 그림을 보신 적 있나요? 예수님이나 하나님을 만약에 그렇게 그렸다면, 죽음에 이르는 불경죄입니다.

움베르트 에코의 『장미의 이름』은 인간의 웃음에 대한 고찰입니다.

이 소설은 중세 수도원을 배경으로 합니다. 사상적 배경에는 아리스토텔레스의 『시학』이 있습니다. 사실 이 책에는 유머(희극)가 없습니다.

소설에서는 원래 『시학』에는 유머가 있었는데, 그 부분이 사라졌다고 합니다. 유머, 다른 말로 하면 비극과 반대인 희극입니다. 사라진 부분이 포함된 『시학』이 어느 수도원에 숨겨져 있었는데, 그 책을 읽던 수도사들이 계속 죽습니다.

웃음이 기독교에 치명적이라 생각했던 한 수도사가 『시학』 '웃음' 편에 독약을 발랐습니다. 그 부분에 풀칠을 해서 책이 잘 넘어가지 않습니다. 그래서 엄지와 검지에 침을 바르고 책을 넘기려다가 자신도 모르게 독약을 먹고 죽어갑니다.

웃음은 인간의 특권입니다.

인간은 웃음을 항상 박탈당하고 살아왔습니다. 인간이 웃음을 발견하려고 노력했던 것은 사실 엄청난 투쟁이었습니다. 인간은 웃음을 한 번도 제대로 향유한 적이 없습니다. 현재도 웃음이 없는 건 마찬가지입니다. 강의가 아무리 재미있어도 여기

계신 분들도 별로 안 웃습니다. 지하철을 타고 갈 때 앞에 앉은 사람이 '나'를 바라보며 혼자 실실 웃는다고 생각해보세요. 아마 두 정거장을 못 견디고 대부분 다른 자리로 옮기실 겁니다.

인간은 웃음을 잃어버린 지
대단히 오래되었습니다.

그리스 이후에 2,000년 동안 잃어버렸던 웃음을 찾아주려 했던 것이 〈모나리자의 미소〉입니다. 그리고 다시 500년 동안 웃음을 잊어버립니다.

그 웃음을 되돌려줬던 사람이 채플린입니다.

채플린은 1947년 〈살인광 시대〉를 발표한 후 빨갱이로 몰렸습니다. 채플린은 어쩌면 인간에게 웃음을 돌려주었다는 혁명적 사상 때문에 빨갱이로 몰렸는지도 모릅니다. 웃음 상실 시대에 웃음은 가장 무서운 폭탄이기 때문입니다. 지배층은 평범한 인간들이 웃고 살아가는 걸 아주 무서워할지 모릅니다. 웃음은 무엇이든 이길 수 있는 힘이 있기 때문입니다.

인류의 역사에는 극적인 전환의 시대가 있습니다. 극적 전환의 시대가 여러 가지로 규명될 수 있습니다. 사실 딱 잘라 설명하기가 무척 어렵습니다. 특정 시대의 전환을 명확하게 설명할 수는 없습니다.

마키아벨리를 바라볼 때
패러다임의 전환으로 이해하면 매우 유용합니다.

어떤 패러다임의 전환일까요? 〈모나리자의 미소〉와 같을 수도 있습니다. 인간에 대한 재발견, 인간들 수(數)의 중요성, 민주주의의 가능성과 중요성을 말해준 전복적 사상가이기 때문입니다. 어쩌면 마키아벨리는 정치학자 중에 유일하게 민주주의의 가능성과 중요성을 제대로 말해준 사람일지도 모릅니다.

정치학 전공자들이 '개뿔도 모르면서 아는 척하지 마라'라고 비판할지도 모릅니다. 하지만 저는 제 생각을 굽히고 싶지 않습니다. 사실 대부분 정치 이론은 민주주의를 어떻게 하면 억제할 것인가, 어떻게 하면 없앨 것인가, 아니면 민주주의를 어떻게 하면 조금 완화할 것인가 등을 고민합니다.

정치학자의 임무는 민주주의의 강화가 아니라 완급조절일지도 모릅니다.

정치학자는 민주주의가 급진적으로 실현되는 것을 막기 위해 연구하는 자일지도 모릅니다. 왜 그럴까요? 만약에 민주주의가 모든 정치의 기본 원리가 된다면, 실제로 예상치 못한 정치적 과정과 결과가 나타나기 때문입니다.

말 그대로 다수가 정치의 주인이 되어, 소수를 억압하는 정치체제를 구축하기 때문입니다. 다른 말로 하면 가난하고 못 배웠으며 중하류층과 하류층인 양적 다수가, 부자이고 많이 배운 중상류층과 상류층인 양적 소수를 억압하는 정치를 실현할지도 모르기 때문입니다.

마키아벨리는 가짜 민주주의론,
왜곡된 민주주의론에
정면으로 반발하고 도전합니다.

마키아벨리는 그 점에서 인간에게 웃음을 찾아줬던 〈모나리자의 미소〉와 동격입니다. 어떻게 보면 마키아벨리야말로 다수의 인간에게 따뜻한 시선을 던져준 사람인지도 모릅니다. 이것이 바로 패러다임의 전환에 관한 첫 번째 이야기입니다.

정치학과
민주주의

민주주의 역사가 얼마나 될까요? 그리스와 로마 시대만 해도 일부만 민주주의를 누렸습니다. 고대 로마도 민주주의라기보다는 사실 공화주의 체제입니다. 귀족 중심, 원로원 중심의 정치체제였습니다. 민회가 있었지만 무력했던 상태입니다.

시민을 보호하는 호민관이 있었지만, 사실 원로원의 권력 투쟁의 도구와 수단에 그칠 때가 많았습니다. 그라쿠스 형제가 호민관이 되어 원로원에 도전했을 때, 그들은 잔인하게 살해되었습니다. 그 이유는 그들이 원로원의 말을 듣지 않는 호민관이었기 때문입니다.

현대 민주주의 역사를

한번 살펴보시기 바랍니다.

여성은 참정권을 언제 얻었나요? 무척 짧은 역사입니다. 노동자들이 투표권 얻은 것도 그렇게 오래되지 않았습니다. 만인평등의 민주주의 역사는 매우 짧아 사실 채 100여 년도 안 됩니다. 영국에서 명예혁명 이후에 500만 명의 인구 중에 투표권을 가진 사람은 25만 명뿐이었습니다.

민주주의의 역사는 매우 짧고, 사실 이 체계는 엄청 불안정합니다. 민주주의가 왜 불안정한 체계인지 다 잘 압니다. 히틀러를 예로 들어봅니다. 히틀러는 무장폭동이나 쿠데타를 통해서 권력을 장악했다고 생각하면 오해입니다. 투표를 통해서 권력을 장악합니다. 물론 히틀러가 맥주홀 폭동을 일으켜 정권을 잡으려고 시도하기는 했습니다. 이 사건은 히틀러의 개인사뿐만 아니라, 독일의 파시즘화에서도 지극히 미미한 사건에 지나지 않습니다.

민주주의는 지극히 위험한 정치체제를 만들기도 합니다.

일본의 아베나 미국의 트럼프 같은 사람이 잘 보여줍니다. 아시아, 남미, 유럽에서 민주주의에 반하는 정치적 반동을 보십시오. 한국 정치사에서 민주주의는 매우 짧고 불안정한 체제였습니다. 과연 민주주의는 믿을 만한 정치체제인지 근본적인 질문을 던져 볼 수 있습니다.

민주주의는 다수가 소수를 지배하는 방식입니다.

민주주의는 다수결의 원리에 따라 움직입니다. 승리한 다수가 패배한 소수, 배제된 소수를 어떻게 보장해줄 것인지가 중요합니다. 소수를 잘 보장해주고 보호해주면 민주주의가 잘 작동합니다. 배제된 소수를 품에 안는 민주주의는 아주 훌륭합니다. 하지만 다수가 전횡하고 폭력적으로 변하면, 그 민주주의는 아주 위험한 정치제도이기도 합니다.

정치가 민주주의에 의해 진행되고 민주주의가 다수와 소수의 균형을 다룬다고 한다면, 정치학은 다수와 소수의 균형을 다루는 학문이라고 보시면 됩니다.

권력을 장악했다고 해서 소수를 배제해서는 안 됩니다. 51대 49로 51이 정권을 장악했을 때, 나머지 49를 무시하면 그 정치체제는 반드시 위태로워집니다.

더구나 얼마 안 되는 사회적 소수자를 배제하면, 폭탄을 안고 있는 것과 마찬가지입니다.

영원히 배제된 소수가 언제 폭발할지 모르기 때문입니다. 항상 다수는 소수를 어떻게 보호하고 배려할 것인가? 사회적 소수자들, 사회에서 완전히 배제되어 이름도 실체도 없는 소수자까지 어떻게 보호하고 어떻게 더불어 살아갈 것인지는 아주 중요한 문제입니다. 이 문제를 잘 다루는 것이야말로 민주주의의 절대 과제입니다.

플라톤은 민주주의를 근본적으로 회의했던
철인(哲人)이 아니라 철인(鐵人)입니다.

그렇다고 해서 우리는 플라톤을 반민주주의자
로 낙인찍어서는 안 됩니다. 플라톤은 나이가 든
현명한 통치자들이 통치하는 체제, 즉 철인통치를
이야기했습니다.

소수의 현명한 통치자가 어떻게 다수를 잘 관리
할지가 플라톤의 고유한 문제의식입니다. 플라톤
에게는 인간의 감성이 사라진 철인(鐵人)만 남습니
다. 플라톤은 이 점에서 매우 고루한 정치사상가로
볼 수도 있습니다.

하지만 플라톤은 그가 살았던
시대에 가장 혁명적인 사상가입니다.

우리는 플라톤을 당대 아테네의 상황에서 살펴
봐야 합니다. 그는 그 시대를 변혁하려고 엄청나게

노력한 철학자입니다. 플라톤이 살았던 바로 앞 시대가 소크라테스 시대입니다.

소크라테스 시대에 아테네는 페르시아전쟁에서 승리함으로써 아시아와 지중해의 절대 강자가 됩니다. 아테네에 막대한 돈이 몰려오고, 전 인구가 20만 명뿐인데도 지중해 전체는 물론 아시아, 페르시아까지도 지배했습니다.

플라톤 시대에는 양상이 달라집니다. 펠로폰네소스전쟁으로 아테네가 주도권을 상실하고 스파르타가 주도권을 장악합니다. 소크라테스와 플라톤은 민주주의에 대해서 대단히 심각한 질문을 던졌습니다. 소크라테스가 살던 시대는 페리클레스 시대와 중첩됩니다. 민주주의가 가장 꽃피웠으면서도, 민주주의의 치부가 가장 잘 드러납니다.

한국사회도 김대중, 노무현 정권 때 민주주의가 꽃을 피웁니다. 그런데 이때 민주주의의 가장 큰

맹점이 드러납니다. 그들을 지지했던 정당이 권력을 놓친 뒤, 정반대의 정권이 들어섭니다. 플라톤에 따른다면 민주주의 체제의 적자들이 역설적으로 돈을 가장 좋아했기 때문입니다.

민주주의 세례를 받은 적자들은
돈을 벌게 해준다면,
어떤 정체이든지 마다하지 않습니다.

플라톤은 바로 이들이 독재와 유사한 참주정 정권을 지지한다고 말합니다. 우리 정치사에서 참주와 같은 역할을 했던 자들은 이명박 전 대통령과 박근혜 전 대통령입니다. 우리는 플라톤의 놀라운 혜안에 감탄하게 됩니다. 마치 플라톤이 한국 현대 정치사를 한마디로 지적한 듯합니다.

플라톤의 『국가』 7, 8, 9장은 민주정에서 참주정으로 넘어가는 내용을 다룹니다. 플라톤은 '아테네가 민주주의를 유지했을 때, 과연 과거의 전성기를 누릴 수 있을까'라는 질문을 던집니다. 현실은 그렇지 못합니다. 최악의 전염병이 유행합니다. 무려 아테네 인구의 3분의 1이 죽습니다. 아테네 몰락에는 또 다른 원인도 있습니다.

하지만 중요한 것은 아테네가 펠로폰네소스 전쟁에서 졌고, 스파르타가 주도권을 장악했다는 사실입니다. 아테네는 스파르타에 이어 2류, 3류 국가가 되었습니다.

민주주의에 어떤 문제가 있기에
아테네는 몰락했는가?

플라톤은 민주주의의 맹점을 고치지 않으면, 아테네가 다시 전성기를 누릴 수 없다는 문제의식을 갖게 됩니다. 플라톤이 당시에 아테네의 문제점을 극복하려고 찾았던 대안이 사실은 스파르타 체제입니다. 민주주의 문제점은 플라톤의 스승인 소크라테스를 통해 다시 살펴봐야 합니다.

소크라테스의
자살

소크라테스는 다수결 원리에 따라
자살에 가까운 죽음을 맞이합니다.

그는 사실 살 수도 있었지만, 민주주의의 순교자로 남기로 결정합니다. 소크라테스는 법정에서 흔히 행해지는 방법대로 선처를 바랐거나 크리톤의 권유대로 탈출했다면 살 수 있었습니다. 하지만 소크라테스는 오히려 법정을 모독하고 탈출을 거부합니다.

소크라테스는 민주주의의 순교자, 아니 희생자로 남기를 바랍니다.

그때 소크라테스의 나이는 일흔 살쯤됩니다. 이미 살 만큼 다 산 나이입니다. 그는 목숨을 걸고, 인생을 걸고 인류사에 배팅합니다. 내가 인류의 역사에 남을 것인가, 말 것인가? 친구이자 제자인 크리톤이 찾아와서 "야, 도망가. 모든 게 다 준비되어 있어"라는 말도 거부합니다. 그는 살기 위해 배심원들 앞에서 구걸하는 것도 거부했습니다.

소크라테스는 죽기를 각오합니다.

소크라테스는 민주주의가 과연 옳은지 그른지에 대한 문제의식을 던집니다. 수적으로 다수인 사람이 통치하는 체제가 옳은가 그른가? 그는 다수의 판단이 그르다는 것을 확인하고 싶어 했습니다.

플라톤은 배우지 못한 자, 현명하지 못한 자 모두를 정치에서 배제합니다.

민주주의의 한계는 분명합니다. 절대 다수가 맹목적으로 어떤 결정을 내리면 방향을 바꿀 수가 없습니다. 이를 보완할 방법이 있습니다. 다수의 현명한 사람들이 통치하면 어떨까요? 혼자 통치하는 것은 전제화(專制化)와 독재화의 가능성 때문에 위험하고, 다수는 어리석음 때문에 위험하다고 한다면, 현명한 다중, 경험도 많고 나이도 많은 노인이 모여 통치를 하면 어떨까요?

그 통치체제는 오래전부터 정착해온 정치제도입니다. 바로 원로원 체제이고 오늘날 국회라고 보시면 됩니다. 원로원이 출신에 따라 결정되는 경향이 있다고 한다면, 국회는 선출이라는 점에서 차이가 있습니다.

플라톤의 제자 아리스토텔레스는
청년을 정치에서 배제합니다.

아리스토텔레스는 청년이 정치학을 배울 수 없다고 대놓고 이야기합니다. 『니코마코스 윤리학』에서 그 이유를 밝힙니다. 정치학은 앎, 즉 지식의 문제가 아닌 경험의 학문이기 때문에 청년은 정치학을 배울 수 없다고 말합니다.

선거 때 지하철이나 버스를 타시면 할머니, 할아버지들이 흔히 하는 이야기입니다. 청년들이 앉아 있으면 일부러 들어보라는 듯이 정치를 이야기하면서 '지까짓 것들이 뭘 알아'라고 이야기합니다.

이는 매우 중요한 문제의식입니다.

플라톤과 아리스토텔레스의 관계는
사제 관계 중 가장 아름답습니다.

플라톤이 소크라테스의 사상을 정리해 모든 학문의 기초를 다졌다면, 아리스토텔레스는 스승 플라톤을 대놓고 비판합니다. 아리스토텔레스는 아버지격인 플라톤 스승과 할아버지격인 스승 소크라테스에게 똥침을 날립니다. 스승들은 앎이 지식이고 지식을 아는 자가 통치해야 한다고 이야기합니다. 철인통치가 바로 그 내용입니다.

아리스토텔레스는 스승들과 정반대로 정치학은
앎의 문제가 아닌 경험의 문제라고 합니다.

아리스토텔레스는 앎이 중요하지 않고, 경험이 중요하다고 못 박습니다. 스승님들과 학문의 방법을 완전히 달리합니다.

플라톤이 이데아에서 출발하여 땅으로 내려왔다고 한다면, 아리스토텔레스는 땅에서 출발해 경험적 방법을 통해 하늘로 올라가고자 합니다.

아리스토텔레스는 경험적 방법을 사용해 학문을 체계적으로 분류하고 나누고 또 나눕니다.

플라톤이 일개 도시국가, 인구가 20만 명밖에 안 되는 아테네 도시국가에서 정치적 사상의 지도자라고 한다면, 아리스토텔레스는 대제국을 건설한 알렉산더 대왕의 정치적, 사상적 스승입니다.

제자는 스승을 정면으로 비판할 줄 알아야 합니다.

제자는 스승과 전혀 다른 방법으로 학문을 개척해야 합니다. 제자는 스승과 건곤일척의 승부를 벌여야 합니다. 이것이야말로 새로운 학문 발전의 기본 전제입니다.

아리스토텔레스는 청년이 정치를 배워서는 안

되는 이유를 감정에 지배당하기 때문이라고 이야
기합니다. 청년은 경험이 부족하기 때문에 감정에
지배당한다고 강조합니다. 사실 그렇습니다. 청년
은 감정에 지배당해 욱할 때가 있습니다.

이 말을 하면서도 아리스토텔레스는 청년의 기준이
나이와 무관하다는 단서 조항도 잊지 않습니다.

나이를 먹었다 할지라도 경험이 부재하고 감정
에 지배당하면, 최고의 학문인 정치학을 배울 수
없다고 합니다. 결론적으로 말하면 아리스토텔레
스는 정치에서 청년을 슬쩍 배제합니다.

근대 정치 이론가인 로크는
돈이 없는 자를 정치에서 배제합니다.

로크는 『통치론』에서 부를 갖춘 자만이 정치에
참여할 수 있다고 주장합니다. 그는 세금을 낼 수
있는 자만이 정치에 참여할 수 있다는 논리를 세움

니다. 로크 주장의 핵심입니다.

로크의 주장을 거슬러 올라가면 다시 아리스토텔레스의 『정치학』을 만나게 됩니다. 아리스토텔레스는 우리 기준으로 보면 대단히 뻔뻔한 이야기를 합니다. 그는 노예제를 정당화합니다. 그는 정치를 하려면 필요노동에서 자유로워야 한다고 말합니다.

필요노동이란
먹고살기 위해 일해야 하는 것을 말합니다.

아리스토텔레스는 필요노동을 하지 않아야 정치에 참여할 수 있고, 문화를 향유할 수 있다고 합니다. 그에 따르면 하루하루 먹고살기 위해서 애쓰는 사람은 시민이 아닙니다. 그런 사람은 정치에 참여할 수 없다는 것이 아리스토텔레스의 논리입니다. 시민이 정치를 하거나 문화를 향유하려면, 노예가 필요하다는 것이 그의 주장입니다.

한나 아렌트는 '노동-작업-행위'를 분류하면서, 정치의 조건은 행위라는 위대한 도식을 끌어냅니다. 그는 단순 반복적 '노동'이 아니라 창조적 '작업'을 하고, 상호 소통하는 '행위'가 인간의 조건이라고 결론 짓습니다. 행위, 다시 말하면 상호 소통하지 못하는 시민은 정치적 시민이 아닙니다.

가난한 사람은
왜 부자를 위한 정당에 투표하는가?

왜 가난한 사람들은 계급의식이나 계층의식을 갖지 못하는가? 왜 가난한 자들은 자신의 이익을 대변하는 정당에 투표하지 않는가? 왜 가난한 자들은 가난함에도 부자의 이익을 위해 싸우는 정당을 위해 투표하는가? 이것은 정치학의 난제 중 난제입니다.

아리스토텔레스를 응용해 설명할 수 있는
한 가지 방법이 있습니다.

시민이 정치에 관심을 갖지 못하게 하는 가장 효과적인 방법은 가난하게 만드는 것입니다. 가난해서 먹고살기 바쁘다 보면 정치에 관심을 가질 수 없습니다.

아리스토텔레스 말로 하면 먹고살기 위한 필요노동에서 자유롭지 못하면, 시민은 정치에 관심을 가질 수 없습니다. 정치에 관심을 갖지 못하면, 자신의 이익을 위해 애쓰는 정당이 어느 당인지 확인하지 못하게 됩니다. 그러다 보면 부자 정당들의 선전과 선동에 휩쓸려 올바른 투표를 할 수 없습니다. 올바른 시민이라면, 다시 말하면 필요노동에서 자유로운 시민이라면, 소통하고 작업하는 시민이라면 선전과 선동에 휩쓸려 투표하지 않습니다.

정치에서 통치하는 자는
항상 소수이기 마련입니다.

정치에서 지혜, 부, 무력, 나이 덕에 통치하는 자

는 소수인 반면, 통치 당하는 자는 다수입니다. 실제로 정치에서 통치하는 자는 소수인 반면, 지배당하는 자가 다수라는 것은 깨진 적이 없습니다. 이것은 과거에도, 현재에도 변함이 없습니다.

직접민주주의는 상상이 아니라
어쩌면 우리의 또 다른 공상입니다.

상상은 현실에 근거하고 공상은 이론과 과학에 근거합니다. 현실에 근거한 상상력으로 직접민주주의는 불가능하지만, 이론에 근거한 공상으로는 직접민주주의가 가능합니다.

루소의 직접민주주의는 실현 불가능합니다.

그가 주장했던 직접민주주의는 기껏해야 인구 5,000명에서 많아야 3만 명인 소규모 도시국가에서 이루어집니다. 현실적으로 그런 국가가 건설될 수 있을지 모르지만, 약육강식의 국제 질서하에서

존립하기는 힘듭니다. 루소의 직접민주주의는 현대 국가에 적용하기 쉽지 않습니다. 다만 작은 소규모 공동체에서만 적용할 수 있습니다.

우리나라의 원로원 의원님들, 국회의원은 300명입니다.

현대 국가의 실제 통치는 대의제 민주주의 방식일 수밖에 없고, 다수결의 원리를 따를 수밖에 없습니다. 민주주의는 결국 극소수가 다수를 지배하는 체계입니다. 현대 민주주의도 마찬가지입니다. 민주주의를 이야기하지만, 우리가 과연 국가의 주인으로, 어떤 도시의 주인으로서 주인 행사를 해본 적은 사실 거의 없습니다. 투표하는 날 빼고, 우리는 국가의 주인으로 살지 못합니다.

미국의 민주주의는 시민이 지배하지 않습니다.

시민이 국가의 주인이 아니라는 사실은 역설적

으로 민주주의가 가장 발전된 것처럼 보이는 미국이 가장 잘 보여줍니다. 시민 배제의 민주주의를 가장 정치적으로 잘 구현한 체계가 미국의 선거제도입니다.

다수표를 받고도 지는 것이 미국 대통령제입니다.

미국 선거제도를 보면 말도 안 되는 결과가 나옵니다. 지난 미국 대통령 선거에서 민주당의 힐러리가 시민의 표를 더 많이 받았지만, 대통령은 공화당의 트럼프가 되었습니다. 그전에도 민주당의 고어가 표를 더 많이 받았지만, 대통령은 공화당의 부시가 되었습니다. 이는 미국의 대통령 선거제도 때문입니다.

미국의 대통령은 선거인단에 의한
승자독식 투표제로 뽑힙니다.

미국의 대통령 선거제도는 승자독식입니다. 후

보 중 한 사람이 한 선거구에서 승리하면, 그 선거구의 모든 선거인단을 다 획득합니다. 투표수의 비례에 따른 선거인단을 획득하지 못합니다. 따라서 미국의 대통령 선거제도는 시민의 민의를 제대로 반영하지 못합니다. 그 결과 전국에서 훨씬 더 많은 표를 획득하고도 선거인단 수는 적어지는 결과가 나타납니다.

미국의 정치체제는
시민의 민의를 배제하도록 기획되었습니다.

미국의 정치체계는 대단히 교묘하게 시민을 배제합니다. 하원은 시민 다수의 지배를 받습니다. 투표하고 다수결의 원리에 따라 당선됩니다. 따라서 시민 다수의 민의가 정확하게 반영됩니다. 하지만 상원은 시민의 민의, 다수의 힘을 반영하지 않습니다. 상원은 주가 크든 작든, 유권자 수가 많던 적던 주별로 무조건 2명입니다. 따라서 다수결의 원리와 무관합니다. 또한 상원은 거부권이 있어서,

하원의 의결을 거부할 수 있습니다. 상원의 거부권
은 다수의 의견을 부정하고 거부하는 수단입니다.

더구나 사법부의 수장은 시민의 민의를
제대로 반영하지 않는 대통령이 임명합니다.

미국의 정치체제는 민주주의가 가장 발전한 것
처럼 보이지만, 실제로는 다수에 의한 지배가 아니
라 다수를 정치적으로 교묘하게 배제시킨 정치제
도입니다.

미국의 정치제도를 기준으로 살펴보시기 바랍니
다. 다수가 과연 정치적으로 자기 의견을 표현한 적
이 있는가? 다수가 정치적으로 지배한 적이 있는
가? 다수는 과연 정치적으로 올바른 평가를 받은
적이 있는가? 이런 질문들을 던져보시기 바랍니다.

민주주의는 역사도 짧고, 제대로 구현된 적도 없
는 매우 불안정한 체제입니다.

시민은 어느 날 갑자기 아파트 값을 올려준다거나 부자로 만들어준다고 하면, 한쪽으로 몰려가 표를 찍습니다. 때로는 과거의 향수와 망령에 이끌려 정치적 결정을 내리기도 합니다. 그러다가 갑자기 싫어지면 정반대 진영에 투표합니다. 마치 아무런 일도 없었다는 듯이 말입니다.

유권자가 갑자기 바뀌었는가? 국민이 바뀌었는가? 시민이 바뀌었는가? 어제의 유권자가 오늘의 바로 그 유권자입니다. 오늘의 유권자가 바로 내일의 유권자입니다. 국민도, 시민도 하나도 바뀌지 않았습니다.

동일한 유권자가 정반대의 투표를 하면, 어떻게 이해해야 할까요?

민주주의는 정말로 대단히 불안정한 제도입니다.

다수와 소수의
전복

민주주의와 관련하여 다수와 소수의 문제를
어떻게 바라볼 것인가?

사실 『군주론』은 보면, 1500년대에 도대체 무슨
일이 있었기에 패러다임의 전환이 왔느냐라는 질문
을 던질 수 있습니다. 코페르니쿠스적 전회와 콜럼
버스의 달걀, 모나리자의 웃음. 그리고 마키아벨리
의 『군주론』 같은 책이 나타났을 때 우리는 어떻게
바라봐야 할까요. 근본적 이유는 알 수 없습니다.

다만 우리는 그야말로 패러다임 자체가 전환하
는 시대에 마키아벨리가 그것을 어떻게 표현했는
지 확인할 필요가 있습니다. 그것은 바로 다수와
소수라는 문제입니다. 하지만 다수의 소수의 문제
는 『군주론』 안에 감춰져 있어서 잘 안 보입니다.

시민, 인민, 백성, 국민 등은 양적으로 다수입니다.
귀족, 군인, 부자, 지식인 등은 양적으로 소수입니다.

마키아벨리가 15장을 넘어서면 16장에서 인색함을, 17장에서 잔인성을 다루고, 18장에서 교활함을 다룹니다. 이 장들에서 마키아벨리는 군주는 어떤 자여야 하는지를 다룹니다.

마키아벨리는 군주의 조건으로
첫째 인색, 둘째 잔인, 셋째 교활함을 듭니다.

이런 이야기를 들으면 어떻습니까? 마키아벨리는 '참 뭐라고 말하기 힘들지만, 아무튼 싫다'라고 말하면 어떨까요? 숨겨진 뜻, 즉 히든카드 없이 겉으로 들어난 말, 즉 액면가로 보면 마키아벨리의 주장은 섬뜩합니다.

군주가 인색하면 어떨까요?
군주가 잔인하면 어떨까요?   말 그대로
군주가 교활하면 어떨까요?   섬뜩한
                               군주입니다.

마키아벨리는 전복을 시도합니다.

마키아벨리는 여기에다가 다수와 소수라는 논리를 슬며시 안에 '스윽' 집어넣습니다. 그는 민주주의를 이야기하는 대신, 다수를 어떻게 보호하고 배려할 것인지 질문을 던집니다.

우선 인색함, 그리고 다수와 소수의 문제를 살펴보겠습니다.

마키아벨리는 '활수滑手함'라는 표현을 씁니다. 영어로 'liberality'라는 단어로 표현됩니다. 우리나라의 번역서들을 보면 대체로 '관대함', '관후함' 등으로 번역했습니다. 번역자들은 대체로 '관대하다'는 용어를 많이 쓰고, '관후하다'라는 말도 드물게 씁니다. '관대하다'와 '관후하다'는 번역은 분명 오역입니다. 전체 내용을 살피지 않았기 때문에 이런 번역이 생깁니다.

'관대하다'는 것은 다 아시는 것처럼 '마음'이 관대하다는 뜻입니다. '관후하다'에서 '후'자는 '후덕하다'는 뜻입니다. '관'은 마음에 해당하는 뜻입니다. 따라서 '관후하다'는 마음과 물질적인 면에서 둘 다 '너그럽다'는 뜻이 됩니다.

저는 'liberality'를 '활수하다'는 말로 번역했습니다. 보통 'liberality'를 활수라는 말로 번역하지는 않습니다. '활수하다'는 돈을 잘 쓴다는 뜻입니다. 그 사람 참 '활수하다'고 말하면, 앞뒤 가리지 않고 돈을 겁 없이 쓰는 사람을 가리킵니다.

16장은 처음부터 끝까지 돈과 관련된 내용입니다. 군주는 활수하지 않고, 인색하게 돈을 써야 한다고 마키아벨리는 이야기합니다. 따라서 마음과 관련된 '관대하다'와 마음과 돈을 포함한 '관후하다'는 번역어는 옳지 않습니다. 오로지 돈과 관련하여 인색함의 반대어인 '활수함'으로 번역하는 것이 가장 옳은 번역입니다.

마키아벨리는 다수와 소수의 반전을 시도합니다.

활수하다에서 다수와 소수가 누구냐를 살펴봐야 합니다. 소수는 귀족, 군인이나 부자 등을 말합니다. 군주가 활수하다라고 말할 때 활수하다의 주체는 군주이고 대상은 양적 소수인 귀족, 군인(일반 병사나 사병이 아닌 높은 직책의 군인을 지칭), 부자 등입니다.

마키아벨리가 말한 활수한 군주는 주변의 소수, 자기 측근들한테 돈을 잘 쓰는 군주입니다. 다른 말로 하면 군주가 귀족과 군인들에게 돈을 잘 쓰고 부자한테 특혜를 준다는 뜻입니다. 이런 군주가 활수하다는 소리를 듣습니다. 그런 군주는 소수, 즉 부자, 귀족, 군인들 사이에서 인기가 좋아집니다.

마키아벨리는 군주라면 이와 반대로 인색해야 한다고 말합니다.

마키아벨리는 "군주시여! 소수, 즉 부자, 귀족, 군인들에게 돈을 쓰지 마십시오"라고 말합니다. 다시 말하면 군주에게 인색하라는 소리입니다. 왜 그럴까요? 소수에게 활수한 군주는 다수 시민에게 세금을 많이 걷을 수밖에 없기 때문입니다.

활수한 군주는 곧 세금을 많이 걷는 군주입니다.

마키아벨리는 다수에게, 시민, 백성, 인민들에게 세금을 많이 걷지 말라고 합니다. 군주가 적극적으로 세금을 많이 걷지 않는 것은 다른 말로 하면 수동적으로 돈을 나눠주는 것과 같습니다.

한국에서 제일 활수했던 정치인이 있습니다. 바로 전두환 전 대통령입니다. 엄청난 비자금을 챙겨서 주변 사람, 측근에게 마구마구 나눠주었습니다. 활수했던 대통령 곁에 지금도 충복들이 계속 따라다니고 끝까지 배신하지 않습니다. 반대로 대통령 중 누가 가장 인색했는지는 잘 모르겠습니다.

중요한 것은 양적 다수에게 세금을 걷지 않는

또는 적게 걷는 군주가 최고로 좋은 군주라는 점입니다.

마키아벨리가 예를 드는 군주는
당대 에스파냐의 페르디난도 2세와
프랑스의 루이 12세입니다.

페르디난도 2세는 귀족에게서 군사권을 빼앗고 귀족들의 무장을 해제합니다. 페르디난도 2세는 일종의 농노 해방령을 시행하기도 했고, 남아메리카를 거의 다 차지했습니다. 그는 유럽에서 많은 전쟁을 치렀습니다. 특히 이탈리아에서 전쟁을 많이 치렀습니다. 하지만 페르디난도 2세는 당시 인민들에게 전혀 세금을 걷지 않았습니다.

전쟁은 예나 지금이나 엄청난 재원을 필요로 하는 정치적 행위입니다. 페르디난도 2세는 수많은 전쟁을 치르면서도 전혀 세금을 걷지 않았습니다.

루이 12세는
'인민의 아버지'라는 칭호까지 들었던 왕입니다.

루이 12세 역시 귀족의 군사권을 박탈하고 무장 해제시킵니다. 그는 이탈리아 등에서 엄청난 전쟁을 치르면서도 인민들에게 세금을 전혀 걷지 않았습니다. 그는 전쟁 전에 세금개혁, 세금동결, 세금 징수방법 개선 등을 통해 오히려 다수인 인민의 세금을 줄여주었습니다. 그러자 삼부회는 루이 12세에게 '인민의 아버지'라는 숭고한 명칭을 선물합니다.

이탈리아에서도 인색한 군주가 있었습니다.
교황 율리우스 2세입니다.

교황인데 군주라는 칭호를 붙이니까 조금 어색할 것입니다. 하지만 군주가 맞습니다. 교황령 국가의 군주였기 때문입니다. 그는 교황이 되기 전에는 돈을 엄청나게 썼습니다. 쉽게 말하면 교황이 되려고 표를 매수했습니다. 하지만 교황이 된 뒤에는 돈을 한 푼도 쓰지 않았습니다. 율리우스 2세는 전쟁을 많이 치르면서도 돈을 쓰지 않았습니다.

교황 율리우스 2세는 교황이 지닌 종교적 권위를 이용해서 전쟁을 치렀습니다. 그는 동맹전략과 종교적 권위를 주요 전쟁 정책으로 사용합니다. 그는 성무정지 같은 종교적 권위를 이용해 전쟁을 치르곤 했습니다.

세금을 걷지 않거나 적게 걷는 군주가
가장 좋은 군주입니다.

다시 말하면 다수가 바라는 것은 커다란 정치이념이 아니라 잘 먹고 잘사는 소소한 것입니다. 요즘 말로 작지만 확실한 행복을 바라는 것이 다수입니다. 그것을 해결해주는 군주가 바로 성군이라는 논리입니다.

마키아벨리는 논리의 패러다임을 교묘하게 전환합니다. 그는 다수가 소수이고 소수가 다수라고 논리를 전환합니다.

소수와 다수의 교묘한 전환은 정치적 역발상 중에서 최고의 역발상입니다. 왜 다수가 소수일까요? 양적 다수는 바라는 게 적고 정치적으로 반역을 꾀할 때도 적고, 하나로 움직이기 때문입니다.

왜 양적 다수는 '하나'일까요? 시민, 인민, 백성, 국민은 군주가 잘 대해주기만 하면 군주를 영원히 따르기 때문에 그들은 하나입니다. 이 점에서 양적 다수는 질적 소수가 됩니다.

왜 소수가 다수일까요?

사실 군주와 귀족은 동급입니다. 동급이라는 말은 혈통에 따른 것입니다. 군주와 귀족의 차이는 순수 혈통에서 멀고 가까운지입니다. 순수 혈통에 가까우면 군주이고, 혈통에서 멀어지면 귀족입니다. 귀족은 언제든지 마음만 먹으면 군주가 될 수 있다고 생각하는 자들입니다. 그들은 욕심이 많습니다. 귀족은 정치적으로 모반을 꾀할 방법도 많습니다.

귀족은 인민 다수에 비교하면 양적으로 소수이지만, 질적으로 보면 다수입니다. 즉 언제든지 군주에게 모반을 꾀해 군주의 지위에 오를 수 있는 귀족은 아주 많습니다.

부자도 역시 다수입니다.

부자들은 자기들을 지지하지 않는 정치 지도자를 언제든지 바꿉니다. 만약 한 농업국가가 바다를 접했다고 합시다. 갑자기 해상 세력이 돈을 많이 벌어 신흥 부자가 되었습니다. 그런데 군주가 농업 군주를 계속 고집하면, 해상 세력이 군주를 바꿔버릴 수 있습니다. 이 방법은 우리가 이해하는 정권

교체일 수도 있고, 쿠데타일 수도 있습니다.

군인들 역시 다수입니다.

군인들 역시 군주가 마음에 들지 않으면, 언제든지 군주를 바꿔치울 수 있습니다. 이 점에서 그들은 양적 소수이자 질적 다수입니다.

다수에는 양적 다수와 질적 다수가 있습니다.

양적 다수는 말 그대로 시민, 인민, 백성 등 수적으로 다수를 말합니다. 질적 다수는 군주에게 정치적 격변을 꾀할 수 있는 귀족, 부자, 군인 등을 말합니다.

소수에는 질적 소수와 양적 소수가 있습니다.

질적 소수는 시민, 인민, 백성, 국민 등으로 군주에게 바라는 게 적고 군주를 따르므로 정치적 격변을 꾀하지 않는 자입니다. 양적 소수는 말 그대로 시민, 인민, 백성, 국민 등에 비해 수적으로 적은 귀족, 부자, 군인 등을 말합니다.

군주는 양적 다수, 다른 말로 하면
질적 소수를 위한 정치를 펼쳐야 합니다.

우리 시대로 말하면 시민을 위해서 정치를 하라는 요구입니다. 군주는 주변 사람한테 활수하다는 소리를 듣지 말고 인색하다는 소리를 들어야 한다고 마키아벨리는 말합니다.

양적 소수에게 인색한 군주가
양적 다수에게 활수한 군주입니다.
질적 다수에게 인색한 군주가
질적 소수에게 활수한 군주입니다.

다수에게 세금을 걷지 않거나 적게 걷는 군주가 가장 좋은 군주입니다. 다시 말하지만 세금을 걷지 않는 것은 나눠주는 것과 마찬가지입니다.

이것은 회사에서도 마찬가지입니다. 판공비를 혼자서 많이 쓰는 사장과 연말까지 돈을 쌓아두었다가 보너스로 나눠주는 사장이 있다면, 어떨까요? 회사에 대한 충성심이 다를 수밖에 없습니다.

마키아벨리의 정치를 한마디로 정리하면 '다수를 위한 정치를 펼치라'입니다.

마키아벨리는 율리우스 2세, 페르디난도 2세, 루이 12세를 예를 들며 다수를 위한 정치를 역설했습니다. 그런데 이런 반대가 나올 수 있습니다.

"마키아벨리, 당신은 정치에 '정'자도 모르는 사람이야!"

그들은 카이사르를 예로 듭니다. 그들은 카이사르가 돈을 많이 써서 황제가 되었다고 말합니다.

상당히 중요한 역사적 근거가 있는 이야기입니다. 이 이야기는 우리가 잘 아는 1차 삼두정치 이야기입니다.

1차 삼두정치는 로마가 공화정에서 황제정으로 넘어가는 과도기적 정치형태입니다. 우리가 잘 아는 것처럼 카이사르, 폼페이우스, 크라수스 3인이 로마를 유럽, 아시아, 이탈리아 등으로 나눠 통치합니다. 유럽의 강자 폼페이우스는 명예를 위해서 정치를 했고, 아시아의 지배자 크라수스는 돈을 벌려고 정치를 했습니다. 이탈리아와 그 주변을 통치한 카이사르는 권력을 얻기 위해 정치를 했습니다.

크라수스는 돈을 벌려고 정치를 했습니다.

크라수스는 사설 소방대를 만들기도 했습니다. 당시에 로마에는 지금의 아파트 같은 형태의 커다란 주거지가 많았는데, 화재가 잦았습니다. 크라수스는 불을 내고, 소방대를 조직해서 끌고 갔다고까지 합니다. 그런 다음에 "불 꺼줄게 얼마 줄래," 그런 식으로 끊임없이 돈을 벌었다고 합니다. 그가 삼두정치를 할 때 아시아를 맡았던 이유도 아시아가 돈이 많았기 때문입니다. 그는 끝까지 돈 계산하다가 결국 피살당합니다.

양적 소수에게
인색하고 잔인하라!

카이사르는 완전 빚쟁이였습니다.

카이사르는 폼페이우스와 크라수스한테 돈을 빌려 겨우겨우 정치를 한 사람입니다. 심지어는 자기 부하, 부관한테도 돈을 빌리곤 합니다. 카이사르는 그렇게 돈을 빌려서 계속 참모와 병사들에게 나눠줍니다. 말 그대로 당시 카이사르는 측근에게 활수한 정치인이었습니다. 권력을 장악할 때까지 카이사르는 활수했습니다.

카이사르는 권력을 장악한 뒤에는
놀랍게도 돈을 한 푼도 안 씁니다.

앞에서 예를 든 이탈리아의 율리우스 2세를 상상해보시면 됩니다. 카이사르는 자기가 돈을 쓰려면 세금을 거둬야 하는데, 그렇게 되면 시민들이 불만을 갖게 되고 새로 만든 정치체제가 안정될 리 없다는 사실을 알았습니다. 카이사르는 세금을 걷지 않고 정치를 한 위대한 통치자입니다.

"야, 헛소리 하지 마!"

마키아벨리는 "네가 정치의 '정'자를 안다고 한다면 카이사르를 제대로 못 본 거야. 카이사르는 권력을 잡기 전에 빌려서까지 돈을 썼지만, 권력을 잡은 뒤에는 한 푼도 안 썼어. 군주가 돈을 쓰려면 다른 나라와 전쟁해서 승리한 후 전리품을 챙긴 뒤에나 마음껏 써라"라고 말합니다.

전리품으로 챙긴 돈을 쓴다면, 그 돈은 어디로 갈까요? 시민들한테 돌아갑니다. 그 돈은 나라의 기반 사업을 위해 돈을 쓴다는 소리고, 경제의 선순환에 기여한다는 뜻입니다. 실제로 카이사르는 이런 방식으로 돈을 썼습니다.

군주의 잔인함에서도
소수와 다수의 전복이 있습니다.

군주는 무릇 잔인해야 한다. 군주는 누구에게 잔

인해야 할까요? 소수가 아니라 아주 극소수입니다. 군주는 자신에게 도전할 만한 세력에게만 잔인해야 합니다. 군주가 만약 시민 대다수를 상대로 잔인하다면, 이는 시민과 맞장 뜨자는 것입니다.

다수를 상대로 맞장 뜨고
권력을 유지했던 정권은 없습니다.

이것은 정치에서 불변의 원리입니다. 인류 역사상 시민이나 인민 아니면 또 다른 무지렁이 백성이나 농민이 혁명을 일으켜 통치체제를 꾸렸던 적이 있습니까? 거의 없습니다. 권력을 세웠다 할지라도 오래가지 않았습니다. 잠시 존재했던 적은 있지만, 곧 사라지고 맙니다.

사실 항상 극소수의 기득권층이
정치를 장악합니다.

물론 민중이나 인민이 주체가 되어서 정치권력을

잡았으면 좋겠습니다. 그러나 그런 정치가 실현된 적은 거의 없습니다. 사회주의 혁명도 따지고 보면, 관료와 테크노크라트의 통치입니다. 혁명을 주도했던 사람 중 실제로 절대 약자의 지위에 있던 사람은 그렇게 많지 않습니다. 정치권력의 주체인 통치자는 언제나 소수이고 지배당하는 자는 다수입니다.

다수를 어떻게 통치할 것인가?

좌파와 진보이건 우파와 보수이건 사실 시민을 잘 먹고 잘살게 해주고, 공포에 휩싸이지 않게 해줘야 합니다. 폭력을 행사하더라도 반드시 친절함을 갖고 해야 합니다.

예정된 폭력이어야 하고 절대 다수에게 폭력이 가해지지 않으리라는 확실한 신호를 보여주어야 합니다.

만약 다수가 두려움을 느끼면, 그 정권은 금방 무너집니다. 공포 통치는 금방 몰락합니다. 다수는 막연한 공포를 견딜 수 없습니다. 양적 다수가 공포를 견딜 수 없으면, 이래 죽나 저래 죽나 권력과 한 번 붙고 맙니다.

> 군주는 양적 다수를 항상 존중하고
> 질적 소수를 가까이해야 합니다.
> 군주는 양적 소수를 항상 경계하고,
> 질적 다수를 멀리해야 합니다.

마키아벨리의 『군주론』 1부는 다수와 소수의 전복 사례입니다. 1부를 보시면 처음부터 끝까지 교묘한 말이 숨겨져 있습니다. 마키아벨리는 절대 다수인 시민을 존중해라, 절대 다수인 인민을 존중해라, 절대 다수인 백성을 잘 먹고 잘살게 해주라는 말을 정말 교묘하게 숨겨서 말하고 있습니다. 이런 메시지를 아주 짧은 글로 어쩌다 한 번씩 톡톡 치면서 넘어갑니다.

> 만약 여러분이 마키아벨리라고 가정해보십시오.

여러분이 『군주론』을 집필하고 헌정했다고 가정해보십시오. 그 책 안에다 첫 번째부터 대왕이시여, 시민을 위해서 절대 착복하지 마시고 시민들을 배부르게 해주시고 어쩌고저쩌고 말씀했다고 가정해보십시오.

군주는 그 책을 읽지 않습니다. 읽었다 할지라도 "야, 너 이리 와 봐. 사상이 불순해. 내가 임마 혈통에 따라 왕이 됐는데 너 따위 말을 들어야 돼?"라고 말할 것입니다. 그리고 잘하면 당장 감옥이고 웬만하면 사형입니다.

마키아벨리는 직언을 숨기고 또 숨겼습니다.

마키아벨리는 1부의 1장에서 10장까지 하고 싶은 말을 숨겨놓습니다. 『군주론: 시민을 위한 정치를 말하다』의 표를 보면 수없이 많은 정체가 나옵니다. 군주정체에도 여러 형태가 있습니다. 형태는 다르지만, 각각의 군주정체를 오래 유지하기 위한 핵심은 간단합니다.

부녀자를 겁탈하지 말고,
세금을 많이 걷지 마십시오.
아버지가 살해당하는 것을 잊어도
부녀자가 겁탈당하고,
돈을 빼앗기는 것은 절대 잊지 않습니다.
시민이란 이런 존재입니다.

'배고픔'과 '성'은
인간 욕망의 핵심이자
정치의 핵심입니다.

아침에 우는 새가 배가 고파 울고요
저녁에 우는 새는 님 그리워 운다.

제주 민요의 가사 중 일부입니다. 1부의 핵심 내용을 응축하고 응축하면 위의 노랫말로 정리됩니다. 우리 조상들은 인간의 가장 근본적인 욕망과 정치의 핵심을 단 한마디의 노랫말로 표현했습니다.

앞에서 인색함을 이야기했던 것은 1부의 1장에서부터 10장까지 시민을 위한 통치를 반대로 정리한 것입니다. 다수를 위해서 어떻게 통치할 것인가? 양적 다수를 등지지 말고 질적 소수를 등지지 마라. 양적 소수와 질적 다수를 멀리하라. 시민을 위한 통치를 하는 게 대단히 중요한 정치의 원리라고 마키아벨리는 선언합니다.

『군주론』은 이 점에서
시민정치 매니페스토입니다.

인류역사상 이렇게 선언한 책은 없다고 보시면 됩니다. 플라톤도 로크도 루소도, 마르크스도, 누구도 이런 이야기를 하지 않았습니다.

민주주의를 순화하고 완화하여, 가능하면 다수의 입장이 정치에 반영되지 않게 하는 것이 정치사상과 이론의 목적입니다.

다수는 도덕적으로 정치적으로 교육적으로 옳음을 추구하지 않습니다. 다수는 먹고사는 문제에 대한 직접적인 요구를 할 뿐입니다.

시민은 배만 채워주면 되는가?

혹시 이렇게 생각하시는 분이 있나요? 정확하게 말하면 '네'입니다. 이런 답을 들으면 난리가 날 겁니다. 시민들의 배만 채워주면 정치적으로 억압하고, 온갖 나쁜 짓을 다해도 되느냐? 이렇게 되물으실 겁니다.

정치적 억압을 하고 나쁜 짓을 한 군주는
시민의 배를 채워주지 않습니다.

이것이 정답입니다. 나쁜 군주는 주변에만 활수하기 때문에, 시민의 배를 채워줄 돈이 없습니다. 나쁜 군주는 시민을 등쳐서 측근에게 활수한 자입니다. 측근에게 배신당하면 권력을 상실하기 때문에, 측근에게 활수한 군주가 다수에게 착한 일을 할 수도 없고, 할 리도 없습니다.

군주는 다수의 생존 문제를 어떻게 하면 해결할 것인지를 가장 중요한 문제로 생각해야 합니다. 그것이 우리가 아는 정치 이론의 전부라고 한다면, 마키아벨리는 일종의 선언입니다. 마르크스보다 훨씬 더 강고하게 선언합니다.

인간에게는 욕망이 있다.

그 욕망은 별것이 아닙니다. 잘 먹고 잘 자고 잘 놀고 잘 쉬는 것 같은 기본적인 욕망입니다. 이런 욕망을 잘 충족해주는 것이 정치의 가장 긴요한 과제입니다. 이것을 잘 해결해주는 군주가 최고의 군주이자 최고의 통치자입니다. 마키아벨리는 이러한 군주가 진짜 올바른 군주라고 이야기합니다. 정당이 됐건 대통령이 됐건 누군가는 그렇게 해주면 좋다고 이야기합니다.

다시 한 번 반복합니다.

강권으로 권력을 찬탈한 정권이, 부도덕한 정권이 시민을 잘 먹고 잘살게 해준다고 가정해보자. 그럼 그 정권도 옳은 것인가? 이런 질문도 나올 수 있습니다. 강권으로 권력을 찬탈한 정권이 진정으로 시민을 위한 정책을 펼친 적은 없습니다. 이것은 역사의 진리입니다.

강권으로 권력을 찬탈한 정권은 측근과 주변 소수에게만 활수합니다. 그렇기 때문에 다수에게 불이익을 줄 수밖에 없습니다. 우리 현대사를 살펴만 봐도 아주 쉽게 이렇게 결론 내릴 수 있습니다. 단손바닥으로 하늘을 가리려는 듯, 혹세무민으로 속일 수는 있습니다. 속임수의 특징은 곧 들통난다는 점입니다. 거짓은 언젠가는, 아니 곧장 만천하에 자신의 존재를 드러내기 마련입니다.

르네 마그리트의

사과

마그리트의 그림을 보면 무척 재미있습니다. 이
그림을 보면서 이런 질문을 던져보세요. 왜 사과는
항상 혁신과 연결될까.

신화에서 나오는 파리스의 사과는 아주 재미있
는 설정입니다. 할머니 신 아프로디테, 엄마 신 헤
라, 손녀딸 신 아테네. 이 3대가 미의 경쟁을 겨룸

파리스의 심판(페테르 폴 루벤스, 1638~1639년경, 프라도 미술관 소장)

니다. 아프로디테, 헤라, 아테네가 세상에서 제일 아름답다는 말을 듣기 위해 사과를 탐합니다. 파리스는 사과를 아프로디테에게 줍니다. 그 때문에 아프로디테는 아름다운 여신, 미의 여신이 됩니다.

'미'는 젊음과 관계가 없습니다.

이 신화를 뒤집어 생각해보면, 미와 나이는 상관이 없다는 점을 전해주기도 합니다. 할머니 신 아프로디테가 미의 여신이 되었기 때문입니다.

우리에게 중요한 것은 아프로디테, 헤라, 아테네가 서로 가장 아름다워지려고 황금 사과를 욕망했다는 점입니다. 사과를 바라보는 세 여신의 세 시선을 보십시오. 세 여신의 눈이 사과를 차지하기 위해 욕망으로 이글이글거립니다. 사과는 인간의 욕망을 표현할 때가 많습니다.

사과의 향연, GD의 소년이여!

우리나라 사과 중에 아주 유명한 사과가 있습니다. 대구 사과도 양구 사과도 아닙니다. GD의 〈소년이여!〉라는 노래에 나오는 사과입니다. 이 뮤직비디오를 보시면 어마어마한 종류의 사과들이 나옵니다. '사과의 향연'이라 이름 붙여도 좋을 것입니다.

저는 이 뮤직비디오를 아주 좋아합니다. 좋아할 뿐만 아니라 틈만 나면 자주 찾아봅니다. 이 뮤비는 아주 근사할 뿐만 아니라 GD의 모든 철학이 담겨 있습니다. 물론 GD도 "빼곡히 써내려가는 가사, 이 안엔 내 철학이 가득하다"라고 말하지만, 저는 이 뮤비 안에 GD의 삶과 욕망과 야심, 그리고 철학이 담겨 있다고 생각합니다.

GD는 13살에 '멋 모르는 자신감' 하나로 세상을 향해 나아갔지만, '내리막길'도 '오르막길'도 경험합니다. 그리고 그는 우리에게 말합니다.

"소년이여 네 멋진 목소리로, 세상에 소리쳐"

그렇습니다. GD는 세상을 향해 소리쳤고, GD는 전 세계에서 우뚝 섰습니다. 그는 우뚝 서는 자신의 모습을 사과로 표현합니다. 뮤비는 시간의 흐름에 따라 진행되는 연속선상에 있다고 한다면, 책은 2차원의 한순간에 고정됩니다. 따라서 책의 한 장면이 GD의 모든 사과를 보여줄 수는 없습니다.

GD는 천재입니다.

그는 자신의 삶을 보여주기 위해, 세상을 향해 소리치기 위해, 자신이 세계의 어디까지 나아갈 수 있는지 보여주기 위해 사과를 선택합니다. 그는 어마어마한 영감을 발휘해 사과를 영상 속에 소개하면서 자신의 삶을 결합하고, 자신의 욕망과 야심을 사과로 표현하고, 자신의 철학마저 사과 안에 응축합니다.

천재 소년은 노력을 통해 천재 청년이 되었습니다.

GD의 다양한 사과는 자신의 모습이자 철학입니다. 그는 사과 하나로 음악 세계를 정복했습니다. 또 질문을 던져보십시오.

왜 GD는 사과로 자신을 표현했는가? GD는 사과를 통해서 전 세계를 정복하고 싶었던 자기의 욕망을 잘 드러냈습니다. 한류의 기원은 다양하지만, 저는 우리나라 한류의 진정한 원조는 GD라고 생각합니다. 그 이유는 한류가 세계에 퍼지리라는 것을 뮤비 속 사과를 통해 철학적으로 전파했기 때문입니다. GD의 사과와 철학에 대해서는 나중에 더 이야기하면 좋겠습니다.

『군주론』 1장에서 나타난 가장 중요한 점은 시민입니다.

패러다임의 전환을 이야기하기 위해 앞에서 이야기했던 서문으로 돌아갑니다. 헌정사와 관련해서 지형도를 그렸습니다. 마키아벨리는 지형도 그

릴 때 위와 아래를 교차해서 그려야 한다고 말합니다. 위를 그리는 사람은 밑에서 봐야 하고, 아래를 그리는 사람은 위에서 봐야 합니다.

위는 군주이고, 아래는 시민입니다.

마키아벨리는 직접 말하지 않았지만 중간층이라는 존재, 귀족을『군주론』에서 과감하게 삭제해버립니다.『군주론』은 군주와 시민이 직접 만나서 중간에 기식하는 세력들, 부자들을 몰아내버리자고 주장합니다. 그는 군인들을 몰아내버리면 잘 먹고 잘사는 사회가 될 것이라고 주장합니다.

1부는 시민을 강조합니다.
2부는 시민에 바탕을 둔 군대를 강조합니다.

프랑스의 루이 12세와 에스파냐의 페르디난도 2세는 1부와 2부를 극적으로 실천한 사람입니다. 그중에서 루이 12세와 관련한 재미있는 이야기가 있습니다.

루이 12세는 아주 인색한 군주였습니다.

그는 측근들에게 먹을 것도 안 주고 돈도 안 나눠주고 귀족들을 다 쫓아내다시피 합니다. 그러니 주변 귀족이 "야, 왕이 되어가지고 말이야, 네가 세계를 꿈꾼다면, 우리한테 좀 나눠줘야 할 거 아니야!"라고 말합니다. 루이 12세의 대답은 정말 대단합니다.

"나는 내 인민이 내 인색함을 보고
울기보다는 웃기를 바란다."

루이 12세의 대답은 정말 엄청나지 않습니까? 자기가 짠돌이로 살수록, 인민의 입에서 웃음이 떠나지 않는다는 사실을 체득한 군주가 루이 12세입니다. 군주가 활수할수록 귀족은 웃고 인민은 웁니다. 루이 12세가 인색할수록 인민은 웃고 귀족은 웁니다.

한 나라 대통령의 판공비, 국회나 각종 관공서와 군대 등의 특활비가 작아지면, 우리나라 정치나 행정, 법, 군대 등이 그렇게 아껴 쓰면 그 혜택은 시민에게 돌아갑니다. 최고위직일수록 인색하게 살면, 그 밑의 관직 종사자도 인색할 수밖에 없습니다. 국가 전체가 그렇게 된다면, 그 국가는 강력해질 수밖에 없습니다.

결론적으로 인색함은
모든 통치자의 가장 기본적인 윤리입니다.
마키아벨리는
폭력도 극소수에게만 사용하라고 말합니다.

마키아벨리는 폭력을 다수인 시민, 인민, 백성에게 절대 사용해서는 안 된다고 주장합니다. 폭력의 대상자는 언제나 군주와 시민 사이에 있는 자들입니다. 즉 귀족, 부자, 군인들에게 폭력을 사용해야만 한다고 말합니다. 폭력을 사용할 때도 현명해야 할 뿐만 아니라 적당하게 가혹해야 한다고 말합니다.

지나치게 가혹한 폭력은
반드시 후폭풍을 불러옵니다.

다시 말하면 지나치게 가혹한 폭력은 권력을 찬탈하려는 음모의 원인을 제공합니다. 폭력이나 교활함을 다수와 소수로 연결한 자세한 논의는 『군주론: 시민을 위한 정치를 말하다』을 참고하시기 바랍니다.

비틀즈의 사과

스미스 사과(로얄 찰스 스테드먼 작, 1925)

비틀즈는 대중음악의 혁명을 가져왔습니다.

이 강의를 듣는 여러분께서도 어렸을 적이나 청년 시절에 아마도 비틀즈를 무척 좋아하셨을 겁니다. 청소년 시절에 물들고, 청년 시절에 심취한 음악이 중장년과 노년의 고독을 풀어줄 진정제입니다. 아마 지금도 비틀즈의 음악을 들으며 따뜻한 커피 한 잔을 마시는 호사를 누리거나 목젖이 아릴 정도로 차가운 맥주 한 잔을 비우는 쾌감을 만끽하는 분도 많으실 겁니다.

비틀즈가 음반회사를 만들고 첫 앨범을 냈을 때, 스미스라는 사과를 씁니다. 비틀도 자신의 새로운 길을 간다고 전 세계에 선포했을 때, 사과를 들고 나왔습니다.

왜 비틀즈는 사과로
자신들의 새로운 음악 세계를 알렸을까요?

애플도 벌레 먹은 사과를 들고 나왔습니다.

사과는 새로운 시작, 혁신과 혁명의 시작에 자주 등장합니다. 거꾸로 이야기하면 항상 혁신, 뭔가 새로운 전환을 시도할 때, 많은 혁신가가 사과를 자신의 아이콘으로 삼았습니다.

마키아벨리의 『군주론』에서는 사과를 찾지 마십시오.

다만 저는 강의의 편의와 즐거움을 위해 사과를 갖고 설명할 뿐입니다. 지금 1부와 2부를 패러다임의 전환이라는 관점에서 설명했습니다. 사실 3부에 비하면 1부와 2부의 패러다임의 전환 정도는 아무것도 아닙니다.

진짜 혁명적인 패러다임의 전환은 3부입니다. 3부는 인류 정신사의 혁명 그 자체입니다.

마키아벨리가 윤리와 도덕에 던진 질문은 전에

도 후에도 없을 위대한 도전의 첫 발입니다.

'인간은 어떻게 살아야 하는가', '인간은 어떻게 행동하는 것이 옳은가'라는 질문을 던지며 살아갑니다. '인간은 어떻게 살아야 하는가'는 소크라테스와 플라톤이 인류에게 놓은 덫입니다. 어떤 철학도, 종교도, 교육도, 정치도 이 범주를 벗어난 적이 없습니다. 남한테 피해 주지 말라고 말하는 부모가 자식에게 전달하려는 핵심 교육도 결국 이것에 지나지 않습니다. 이것을 조금 바꿔놓으면 어떨까요?

올바름이란 무엇인가?
정의란 무엇인가?
올바른 통치란 무엇인가?

마키아벨리는 이렇게 질문하고 답하는 것은 '공화국과 군주국에 대한 환상'에서 출발한다고 선언합니다. 마키아벨리는 환상이 아니라 현실을 보라고 말합니다. 가혹한 현실 속에서 살아가는 인간은 이 질문을 바꿉니다.

인간은 어떻게 사는 것이 옳은가?
인간은 어떻게 행동해야 하는가?

마키아벨리는 패러다임을 근본적으로 전환합니다. 앞에서 시민을 이야기했다면, 여기에서는 패러다임의 전환이라는 관점에서 도덕과 윤리나 종교에서 탈출하는 이야기를 합니다.

정치학의 목적은 어떻게 하면
시민을 도덕적으로 순화시킬 것인가입니다.

앞에서 정치학은 민주주의를 어떻게 완화하면 좋을 것인가라는 문제를 다룬다고 말했습니다. 다른 면에서 정치학의 목적은 시민의 도덕적 재교육화입니다.

플라톤은 『국가』를 썼습니다. 이 『국가』는 사실

은 정치학의 고전이지만, 교육학의 고전이기도 하고 윤리학의 고전이기도 합니다. 왜 교육학과 윤리학의 고전일까요? 인간을 도덕적으로, 윤리적으로 올바르게 키우는 문제를 처음부터 끝까지 다루기 때문입니다. 그래서 『국가』를 읽다 보면 정치에 관한 논증인지 교육학 이야기인지, 아니면 윤리학인지 구분되지 않을 때가 있습니다.

모든 위대한 정치 사상가는 대부분 교육에 관한 책을 씁니다. 플라톤의 『국가』는 교육학의 고전이기도 합니다. 아리스토텔레스도 『정치학』의 마지막 두 장을 교육학에 할애합니다. 로크도 『교육에 대한 몇 가지 견해(Some Thoughts Concerning Education)』이란 교육학 책을 씁니다. 루소도 교육에 관한 책을 집필합니다. 시계보다 정확한 칸트의 생체시계를 망가뜨렸던 그 『에밀』입니다.

정치학자와 교육자는
어떤 면에서 같은 일을 합니다.

교육자가 학생들을 대상으로 올바름을 가르치려고 한다면, 정치학자는 국민, 백성을 대상으로 올바름을 교육하려 합니다.

정치학의 근본 목적은 인간이 자기 욕망대로만 살면 안 되기 때문에 욕망을 어떻게 순화하고 절제하면서 살아갈 것인지를 모색하는 것입니다.

중세 1,000년 동안은 종교가 그 역할을 담당했습니다. 플라톤이 그 기초를 다져놓았고, 중세 1,000년간 종교가 그 철학을 대신했습니다. 그 이후에도, 현재에도 여전히 다양한 형태로 인간을 도덕과 윤리에 긴박해 숨통을 조이려는 것이 정치와 종교, 철학과 윤리의 목적입니다.

마키아벨리는
모든 정치학과 철학과 교육학과 윤리학에
핵폭탄을 투하합니다.

인간은 어떻게 살아야 하는지가 아니라 현재 어떻게 사는 것이 옳은지에 대한 질문을 마키아벨리는 던집니다. 어떻게 사는 것이 올바른가에 대한 기원은 무척 오래된 옛날로 거슬러 올라갑니다.

헤로도토스의 『역사』를 보면 기게스 이야기가 나옵니다. 그는 기게스의 이야기를 통해 사람이 안 보이는 위치에 서면 어떻게 되는지, 보이지 않는 데서 사람은 어떻게 행동하는지 보여줍니다. 헤로도토스는 이 책을 통해 참주정이 얼마나 잘못된 통치체제인지를 밝혀주고 싶었습니다. 뒤집어 이야기하면 민주주의가 얼마나 좋은 체제인지를 역설하고자 했습니다.

헤로도토스는 역사학을 썼으므로, 팩트를 바탕으로 글을 쓰는 건 너무 당연합니다. 따라서 『역사』의 기게스 이야기는 역사적 사건을 바탕으로 기술되어 있습니다. 그 뒤 플라톤이 『국가』를 씁니다.

플라톤은 역사적 사실을 옛이야기 형태로 바꿉니다. 옛날 어느 마을에 목동이 있었습니다. 그의 이름은 기게스입니다. 양들을 돌보는데 하늘에서 천둥이 치고 번개가 내리치더니 갑자기 땅이 쩍 갈라졌습니다. 호기심에 가득 찬 기게스가 내려가 봤더니 커다란 말이 있고, 그 말 안에 여러 보물이 있었습니다. 또한 그 안에 반지도 하나 있었습니다. 기게스는 그 반지를 끼었습니다.

어느 날 기게스는 양치기들과 앉아서 놀았습니다. 우연히 기게스는 반지의 거미발을 돌렸습니다. 같이 있던 목동들이 마치 기게스가 보이지 않는 것처럼 행동하였습니다. 반대로 기게스가 거미발을 싹 돌렸더니, "너 어디 갔다 왔어?" 되물었습니다.

기게스는 이 반지의 엄청난 비밀을 알아차렸습

니다. 이 반지는 사람을 보이지 않게 해주는 투명 반지였습니다. 기게스는 양치기들과 함께 왕을 알현하는 자리에서 왕을 살해합니다. 그 후 기게스는 왕의 부인과 결혼해서 잘 먹고 잘살았다고 합니다.

우리나라 도깨비감투 이야기도
기게스의 반지와 같은 종류의 이야기입니다.

이런 이야기가 계속 변형되면 해리포터의 투명망토 같은 흥미진진한 소재가 됩니다. 〈할로우맨〉 같은 영화의 소재로, 소설로는 『지킬박사와 하이드』 같은 작품이 됩니다. 또한 철학적 메시지와 현대사회를 비판하는 『반지의 제왕』 같은 대작 소설로도 변형됩니다.

보이지 않는 어떠한 힘을 갖게 되었을 때,
인간은 어떻게 행동하는가?

이 질문은 인간이 살아가면서 계속 부딪치는 문

제입니다. 여담입니다만 사실 『해리포터』는 아이들한테 읽히고 싶지 않은 책 중 하나입니다. 대단히 음습하고 음험한 책이라고 생각합니다.

덤블도어는 자기의 여동생을 죽인 사람입니다. 악으로 나오는 볼드모트는 자기 아버지를 죽인 사람입니다. 해리포터는 엄마와 아버지, 부모의 친구들이 대신 죽어주는 복을 타고난 인간입니다.

이처럼 『해리포터』는 아버지 살해와 형제살해라는 고전적 신화를 잘 얼버무린 멋진 책이라는 걸 알 수 있습니다. 조금 도덕적으로 이야기하면 해리포터는 이렇습니다.

아버지에게 반항심과 적개심을 가졌던 자는
나쁜 놈이다.
엄마 아버지가 끊임없이 헌신해서
대신 죽어주는 사람은 착한 자다.

이를 은연중에 강변하는 책이 『해리포터』입니다. 그러니까 마음속에서라도 엄마, 아버지에게 반항하고 저항하고, 극단적으로 말하면 죽이고 싶은 마음을 갖지 말라는 것이 책 전체의 주제이기도 합니다.

목동은 하찮은 직업이 아닙니다.

기게스는 목동입니다. 우리는 목동을 하찮은 직업으로 여길지도 모릅니다. 하지만 기게스 당시에는 아무나 할 수 없는 고귀한 직업입니다. 파리스의 사과에 나오는 목동 파리스는 트로이의 왕자입니다. 트로이의 프리아모스 왕의 아들이자 헥토르의 동생이기도 합니다. 파리스는 아가멤논의 동생 메넬라오스의 부인 헬레네를 납치합니다. 그 때문에 트로이 전쟁이 발발합니다. 프리아모스는 전쟁을 막아볼 심산으로 파리스를 목동으로 보냅니다. 그 당시에 목양은 왕에게 아주 중요한 경제적 토대입니다.

기게스 역시 목동입니다. 요즘 시대라면 하찮은

직업으로 여길 목동이 왕을 볼 수는 없습니다. 기게스가 왕을 만났다는 점에서, 그는 왕의 친인척일 수 있습니다. 그런 기게스가 몸이 보이지 않는 능력을 갖게 되자, 어떻게 행동했는지 우리는 잘 압니다.

해리포터는 아주 중요한 철학적 질문이자 윤리적 질문을 던집니다.

누구에게도 이길 수 있는 천하무적의 지팡이,
죽은 자도 살릴 수 있는 부활의 돌,
인간의 모든 욕망을 실현해줄 수 있는 투명망토

어디에 나가서 누구랑 싸워서 지지 않는 무기를 소유한다면, 어떻게 될까요? 죽은 자를 살릴 수만 있다면, 인간은 어떻게 행동할까요? 마지막으로 보이지 않는 투명망토를 갖고 있다면, 어떻게 행동할까요?

투명망토, 기게스의 반지는
인간의 본능적 욕망을 표현합니다.

플라톤은 『국가』에서 기게스의 반지를 통해 하려던 이야기가 있습니다. 투명망토를 가진 자는 어떻게 행동해야 하는가? 다시 말하면 나에게 투명망토가 생기면 어떻게 행동해야 하는가? 선하게 살 것인가, 악하게 살 것인가. 플라톤이 던지는 답은 간단합니다. '모든 인간은 투명망토를 올바르게 사용하는 것이 좋다'가 그 답입니다.

골룸과 우리들

〈반지의 제왕〉에 나오는 골룸은
우리의 자화상입니다.

영화 〈반지의 제왕〉을 보시면 상당히 특이한 인물, 골룸이 나옵니다. 골룸이 영화의 처음부터 끝까지 어떻게 변해가는지 관심을 갖고 지켜보시기 바랍니다. 골룸이 나오는 장면만 찾아서 살펴보시기 바랍니다.

절대 반지에게 지배당하면 당할수록
얼굴이 굉장히 추해집니다.
골룸은 상징입니다.

절대 반지를 차지하지만, 그 반지에게 종속당하면 인간은 추해질 수밖에 없다는 점을 보여줍니다. 절대 반지는 다름 아니라 기게스의 반지, 다시 말하면 소유한 자가 작동시키면 몸을 보이지 않게 해주는 반지입니다.

골룸 (웰링톤 공항 소장)

스미골은 친구 디골을 목졸라 죽이고서 절대 반지를 빼앗았다. 그는 그 반지를 끼면 투명인간이 된다는 것을 알게 된다. 남들의 눈에 보이지 않는 반지를 이용해 그는 도둑질을 하고, 다른 사람의 비밀을 캐내고, 자신이 미워하는 사람을 해코지하였다. 그 후 그는 이상한 목소리를 내게 되었고, 골룸이란 별명을 얻게 된다.

반지를 지니면서 스미골은 점점 눈에 빨간 기운이 돌고, 머리카락이 빠지고, 전체적으로 퀭한 모습으로 추해진다.

그러다가 빌보에게 절대 반지를 빼앗긴 스미골은 이제 뼈만 앙상하고 해골에 박힌 커다란 눈알이 얼굴을 다 차지한 골룸으로 변한다.

이렇게 탐욕에 빠져 추한 모습으로 변한 골룸. 반지를 잃어버렸던 골룸은 반지를 없애는 임무를 완수하기 위해서 분화구 앞에 서 있던 프로도에게 절대 반지를 빼앗았다. 미쳐 날뛰듯 좋아하던 그는 추락하여 죽고 만다.

절대 반지

사실은 절대 반지를 이야기했던 『반지의 제왕』, 『해리포터』, 플라톤의 『국가』나 우리나라의 「도깨비감투」 같은 이야기에는 공통점이 있습니다. 당신이 어떤 지위에 있거나 어떠한 특별한 능력이 있다 해도 그것을 악한 데 사용하지 말라고 합니다.

이 질문을 마키아벨리식으로 바꿔보십시오.

인간은 어떻게 살아야 하는가?
어떻게 이상적으로 살아야 하는가?
도덕적으로 어떻게 올바르게 살아야 좋은가?

성당이나 교회나 절에 가면 매번 듣는 말입니다. 착하게 살아라. 실제로 정치의 목적은 내가 남을 해치지 말아야 한다는 점을 가르치는 것입니다. 내가 절대 권력을 갖고 있어도 남을 해치지 말아라. 그렇지 않으면, 타인도 나에게 위해를 가할 수 있다.

이것이 바로 우리가 아는 사회계약론의 핵심입

니다. 만인 대 만인의 투쟁 상태가 되면 아무리 약한 자라도 강한 자를 죽일 수 있기 때문입니다. 하루 24시간쯤은 안 자고 버틸 수 있지만, 그 상태를 계속 유지할 수 없습니다.

군주들은 사소한 이유로 암살당합니다.

가령 시종이 있는데 코가 약간 비뚤어져 있습니다. 왕이 놀립니다. "야, 자네 그 비뚤어진 코로 어떻게 냄새 잘 맡냐? 코는 삐뚜러져 있어도 음식은 잘하네?" 이 말은 듣는 순간 시종은 군주에게 앙심을 품게 되고 나아가 죽일 수도 있습니다. 무소불위의 권력을 가진 자도 아주 낮은 지위와 미약한 힘을 가진 자에게 언제 죽을지 모릅니다.

정치학은 항상 도덕적으로 올바르고 윤리적으로 타당한 행동을 하라고 말합니다.

그것도 안 되면 법을 만들어서 제재할 수 있게

하는 것이 정치의 목적입니다. 정치학과 도덕, 정치학과 윤리는 인간 삶의 앞뒷면을 서로 다른 방법을 통해 올바른 방향으로 이끌고자 합니다.

마키아벨리는
윤리적으로 올바른 삶을 전복합니다.

마키아벨리는 실제로 그러한지 질문을 던집니다. 인간은 사악한가? 선한가? 인간은 선하지도 사악하지도 않습니다. 이것도 패러다임의 전환입니다. 이전에 종교가 지배했던 시대에 인간은 다 선하다고 생각했습니다. 가령 살면서 지은 죄 때문에 악하다고 할지라도 고해성사를 하면 죽어서 천당 갈 수 있다고 했습니다. 그래서 악한 짓하고 고해성사하라는 것입니다.

마키아벨리는 인간은 기본적으로 선하지 않기 때문에 최소한 선한 것처럼 보이면 된다고 합니다. 선한 듯이 보여라. 종교를 믿지 않지만, 종교를 믿는 듯이 행동하라. 엄청나게 대단한 발상입니다.

내가 아무리 착하게 잘살려고 해도 계약하는 순간 마음이 달라집니다. 이것저것 계산하면서 계약할 수밖에 없습니다. 1퍼센트 때문에 회사가 망하기도 하고 살기도 합니다. 1퍼센트를 활수하는 데 사용하면 군주가 권력을 잃을 수도 있습니다. 정적이 까불고 도전하는데, 가만히 놔두면 어떻게 될까요? 가만 놔두면 관대하다는 소리를 듣습니다. 까부는 자가 한 사람이면 괜찮은데, 도전하는 사람이 많아지면 감당할 수 없습니다.

어떻게 행동하는 것이 옳은가?

이런 질문을 던져보십시오. 자기에게 대들 만한 사람, 즉 양적 소수이자 질적 다수인 사람, 귀족과 부자와 군인을 본보기로 삼아 처벌해야 합니다. 이것이 3부의 핵심 내용입니다. 마키아벨리는 인간관을 근본적으로 변화시킵니다. 우리가 보기에는

별로 이상할 것이 없습니다. 왜냐하면 마키아벨리가 이렇게 설명하지 않았어도,

냉소적이긴 하지만
우리는 마키아벨리가 말한 대로 살아갑니다.

하늘 위에서 즉 이상과 환상이 아니라 현실을 살아가는 인간은 어떠한가요? 지금 이 자리에서 강의를 들으시는 분들은 어떠신가요? 여러분이나 저나 이미 마키아벨리가 말한 대로 살아가고 있습니다.

기게스의 반지, 보이지 않는 힘을 지니면
인간은 어떻게 행동하는가?

마키아벨리를 제외한 대부분 철학자나 정치학자는 현실을 외면하고 천상의, 하늘의, 이상과 환상 속의 정치를 말했습니다. 마키아벨리는 현실 속의 정치를 말합니다.

플라톤의 『국가』는 아주 예술적인 책입니다.

플라톤은 『국가』의 1권을 쓰고 10년이 지나 2권에서부터 10권까지 집필했습니다. 색으로 묘사하면 이렇습니다. 1권은 화려한 현실의 색깔입니다. 2권에서 4권까지는 이상국가를 건설하려는 시기로 주로 흰색입니다. 5, 6, 7권이 되면 이상국가가 지배하는 시기로 우리가 보는 무지개 색깔로 나타납니다. 그러다가 7, 8, 9, 10권이 되면 이상국가가 몰락해 점점 검은빛을 띕니다.

2, 3, 4권은 교육을 잘 시키면 어떻게 되는가, 5, 6, 7권은 잘 교육받은 아이들은 어떤가, 7, 8, 9, 10권은 잘 교육받지 못하면 나라가 어떻게 망해가는지를 보여줍니다. 플라톤은 국가와 교육을 탄탄하게 연결해서 설명합니다.

지옥도의 완성

수미일관성은 좋은 글의 조건 중 하나입니다.

플라톤은 『국가』 2권에서 기게스의 반지를 이야기하고, 결론에 해당하는 마지막 10권에서 다시 기게스 이야기를 합니다. 그는 10권에서 결론을 내립니다.

'기게스의 반지'를 가졌건 갖지 않았던 간에, 그리고 그런 반지에 더하여 '보이지 않게 하는 모자(하데스의 투구)'를 가졌건 갖지 않았던 간에, 올바른 것들을 행하여야만 한다는 것도 알게 되지 않았는가?(플라톤, 박종홍 역, 『국가』, 서광사, 612d.)

플라톤은 2권 서문과 10권 결론에서 기게스 반지라는 옛 이야기를 통해서 주장합니다. 플라톤은 모든 인간이 자신이 쓴 『국가』를 믿고 자기가 말한 대로 살면 좋겠다고 이야기합니다.

절제하는 삶을 꾸려가면 대단히 좋습니다.

부자도 절제하고 가난한 자도 절제하고 군주도

절제하고 전사도 절제하면서, 서로에게 해를 끼치지 않고 살아가면 대단히 좋습니다.

하지만 현실은 그렇지 않습니다. 집을 떠나 밖으로 나가는 순간, 내가 누군가를 만나는 순간 상하 관계나 경쟁 관계가 만들어집니다. 내가 죽으면 상대방이 살고, 상대방을 죽여야 내가 살 때가 태반입니다.

플라톤의 주장을 따를 사람은 거의 없습니다.

플라톤은 자기주장을 믿고 따를 사람이 얼마 안 된다는 점을 잘 알았습니다. 그는 대다수 인간이 그렇게 살 수 없다는 점을 잘 알았습니다. 플라톤은 끔찍하게도 현실 속의 살아가는 인간을 협박하고자 합니다.

플라톤은 10권 맨 마지막에 우리가 잘 아는 지옥 신화를 집어넣습니다.

그게 바로 에르의 신화입니다. 에르의 신화는 기게스처럼 자기 하고 싶은 대로, 자기 욕망대로 살면 지옥을 간다는 점을 일러줍니다.

기게스는 현실 속에서 살아가는 바로 우리들입니다. 플라톤에 따르면 우리들 대다수, 아니 전부다 지옥에 갈 수밖에 없습니다.

당대의 시점에서 보면 플라톤은 굉장히 혁명적인 사람입니다. 왜냐하면 플라톤은 그 당시 교육의 주류였던 호메로스의 『일리아드』와 『오디세우스』나 그리스 비극을 나쁜 책이라며 읽지 말라고 공개적으로 선언했습니다. 오디세우스는 지금 말로 하면 명계를 여행합니다.

명계는 죽은 자의 세계입니다. 오디세우스가 만난 명계를 색으로 표현한다면, 흑색이 아니라 회색입니다. 지옥은 검은색으로, 천국은 흰색으로, 그 반대로 생각해도 좋습니다. 중요한 것은 회색은 지옥도 천국도 아닙니다.

플라톤 이전에 죽은 자들은
회색으로 살아갔습니다.

죽은 자의 세계는 지옥도 천국도 아닙니다. 당시
그리스 사람의 생사관에서는 지옥이라는 개념이
없었습니다. 플라톤은 자기 말대로 살아가지 않는
사람이 99.99퍼센트라는 것을 잘 알았기 때문에,
10권에 에르의 신화를 넣어 '내가 말한 대로 살지
않는 자는 지옥에 간다'고 겁박합니다.

반면 착하게 살면, 다시 말해 절제하고 살면, 욕
망을 줄이고 살면, 오른쪽으로, 요즘 식으로 극락
과 천국으로 갑니다. 기게스처럼, 나쁘게 살면 욕
망을 맘껏 발산하고 살면 왼쪽으로, 지옥으로 갑니
다. 단테가 『신곡』을 통해 이것을 체계화합니다.

고대 그리스 시대의 생사관에는 지옥이 없습니다.

플라톤은 지옥을 상세하게 묘사하고 구체화하여 인간을 겁박합니다. 인간은 기본적으로 선하지 않기 때문에 선하게 살라고 강요하기 위해서입니다.

과연 천하무적 지팡이를 가졌을 때, 투명망토를 가졌을 때, 남이 나를 보지 못할 때도 나는 선하게 살아갈 수 있는가? 저는 솔직히 자신이 없습니다. 만약 투명망토가 있다면 한 이틀 정도는 견딜지 모르지만, 얼마 지나지 않아 플라톤이 말하는 나쁜 일에 손댈 것이 분명합니다.

영화 〈할로우맨〉은 기게스 반지의 과학 편입니다. 할로우맨은 동료 연구원을 겁탈하려고 합니다.

헤로도토스는 『역사』를 통해서, 모든 정치인은 자신만의 성벽을 쌓고 그 성벽을 통해서 자신을 못 보게 한다는 점을 이야기하려고 했습니다. 악독했던 독재자 정치인을 떠올려보면, 쉽게 이해할 수 있습니다. 그 성벽은 정보부일 수도 있고, 각종 장치를 통해서 자기를 못 보게 하면서 온갖 나쁜 짓을 다 한다는 것입니다. 나쁜 짓을 하지 못하게 민주적인 견제 장치가 있는 것입니다.

마키아벨리는 플라톤에 정면 도전합니다. 현실 속 인간은 플라톤이 말하는 대로 살아갈 수 없다고 마키아벨리는 생각했습니다. 정치학은 분명하게 이런 질문을 던집니다.

올바르게 사는 것이 무엇인가?
마키아벨리는 질문을 바꿉니다.
현재 어떻게 행동하는 것이 옳은가?

마키아벨리는 나쁘지 않게 보이면 된다고 강변합니다. 상대방을 해코지하지 않고, 선물을 잘 주면 됩니다. 인간이 선하게 살 수 없다면, 선하게 사는 것처럼 보이는 게 중요합니다. 어떻게 하면 선하게 사는 것처럼 보일까요? 마키아벨리는 인색하고 잔인해야 하고, 또 교활해야 한다고 주장합니다.

마키아벨리는 『군주론』에서
선이나 이상이 아니라 현실 속에서
어떻게 살아남는가가
중요하다고 이야기합니다.

　중세의 관점에서 본다면, 올바름을 주장하는 관점에서 본다면 마키아벨리의 이야기는 악마의 서적입니다. 중세 1,000년간 선하게 살라고 계속 이야기했고, 안 되면 고해성사라도 하면 선하게 살 수 있다고 했습니다.

　대단히 외람된 말씀이지만, 어린아이를 잘 들여다보시기 바랍니다. 네댓 살 된 아이들 중에 착한 아이도 있지만, 정말 악하게, 못되게 행동하는 아이도 있습니다. 아이가 천사라는 것은 위조된 인간 지식입니다. 인간은 어리다고 해서 착하지 않습니다. 반대로 인간은 나이 50을 먹었다고 선하지 않고, 70 넘어 세상 살 만큼 살았다고 선하지 않습니다. 인간은 자신의 이익과 관련되면, 정말 매몰차고 독해집니다.

　선한 것처럼 보이는 방법은
내가 남에게 조금만 주면 됩니다.

　그러면 적어도 상대방은 나를 악하게 보지 않습니다. 내가 100을 갖고 있는데 1,000을 얻으려고 노력하지 않고 갖고, 있는 100에서 2, 3이든 4, 5를 떼 주면 인격이 있는 것처럼 보입니다.

　우리는 마키아벨리를 오해합니다.

　마키아벨리적 인간은 1,000을 가졌는데 10,000을 채우기 위해, 나머지 9,000을 얻으려고 수단과 방법을 가리지 않는 자로 이해합니다. 이것은 마키아벨리에 대한 완전한 오독입니다.

　우리는 대부분 마키아벨리를 이렇게 이해합니다. 마키아벨리는 수단과 방법을 가리지 말고, 내가 갖고 싶은 것을 가지라고 이야기하지 않습니다.

단지 수단과 방법을 가리지 말고 내가 선하게 보이라고 말합니다.

자신의 것을 선물함으로써 그렇게 하라고 말합니다.

마키아벨리는 처음부터 선물을 주장합니다.

선물을 잘 나눠주어야 위대한 군주가 되고, 그런 군주가 바로 이탈리아를 통일할 수 있습니다. 마키아벨리가 체사레 보르자를 이상적인 군주라고 생각했던 이유입니다.

체사레가 로마냐 지역을 점령합니다. 그가 점령했던 지역은 그전에 폭군 때문에 문제가 많았습니다. 인심이 흉흉해지고 이상한 사건이 계속 발생하고, 자기네끼리 죽이고 훔치는 일이 비일비재했습니다. 체사레는 자신의 부관 레미로 데 오르코를 보내 지역 문제를 일거에 해결합니다. 불과 몇 개월 만에 로마냐는 완전히 평온한 지역이 되었습니다.

체사레의 부관 레미로는 로마냐 지역의 평화를 가져왔습니다. 어떤 방법인지 아실 겁니다. 아주 잔인한 방법을 씁니다. 저항하면 완전히 제거해버립니다. 로마냐는 평화로워졌지만 시민들을 다시 불안해지기 시작했습니다.

"야, 체사레 보르자 진짜 나쁜 놈이야,
너무 잔인해!"

체사레 보르자에 대한 이런 불평불만이 터져 나옵니다. 체사레는 이 문제마저 단숨에 해결합니다. 그는 자기의 부관을 단칼에 죽여버리고, 광장에 전시합니다. 체사레는 자기가 부관을 보내 싹 환부를 도려낸 다음에 그 부관을 죽입니다. 그러자 로마냐 지역의 시민은 삶이 편안해지고 행복해졌습니다.

역시 '마키아벨리는 무서운 놈이다'라고
생각하실 겁니다.

과연 어떤 것이 옳을까요? 우리는 이렇게 생각
합니다. '그래도 사람인데. 에이, 한 명 쯤은…….'
조직에서 한 명쯤은 계속 나쁜 짓을 하는데, 그 한
사람 때문에 조직이 계속 망가지고 해체될 때 그
사람을 계속 감싸면 그 조직은 반드시 망합니다.
다만 언제 망하느냐는 시간 차이만 있을 뿐입니다.

마키아벨리는 환부를 잔인할 정도로 도려내라
고 합니다. 단 소수에 해당하며, 나머지 99.9999퍼
센트는 살립니다. 그 한 명이 문제일 때, 그 한 명을
과감하게 도려내는 것이 진정한 자비라고 합니다.
그렇게 하지 않으면, 훨씬 더 많은 피해가 생기기
때문입니다.

착각해서 안 되는 것이 있습니다.

다수를 상대로 잔인함을 행사하면 어떻게 될까요? 결국 그 선을 넘는 순간 군주가 죽게 됩니다. 절대 어떤 선 이상을 넘지 않는 지혜가 군주에게 절대 필요합니다. 또한 사익을 위한, 자기의 권력만을 지키기 위한 잔인함 역시 군주를 권력 밖으로 몰아낸다는 점도 잊어서는 안 됩니다.

나비스를 보라!

정치학의 패러다임 전환은
양적 다수, 즉 질적 소수와 관련해서 나옵니다.

군주는 양적 다수와 질적 소수, 양적 소수와 질적 다수를 어떻게 대해야 하는가? 마키아벨리는 패러다임의 근본 전환을 시도합니다. 그 전환의 이면에 바로 윤리의 근본적인 패러다임 전환이 있습니다.

현실 속 인간이 윤리의 새로운 기준이어야 합니다.

마키아벨리는 윤리학을 하늘이 아닌
땅을 밑바탕으로 새로 정립합니다.

저는 마키아벨리의 말이 맞다고 생각합니다. 적어도 내가 남을 해치지는 말아야 하고, 남도 나를 해치지는 말아야 합니다. 하지만 남이 나를 해치면 가만히 있어서는 안 됩니다.

도덕, 윤리, 종교는 인간에게
마조히스트가 되라고 합니다.
정치는 대다수 인간을
마조히스트로 만드는 법을 만듭니다.

현실을 살아가는 대다수 인간은 남을 가학하는
걸 즐기지 않습니다. 반대로 피학을 즐기라고 강요
당하며 살아갑니다.

마키아벨리는 현실 속 군주를 통해서 군주란 어
떻게 행동해야 하는지를 보여줍니다. 그 군주는 질
적 소수이자 양적 다수를 위해 어떤 정치를 하는
지, 다시 말하면 선물을 어떻게 주고받는지를 전형
적으로 보여줍니다.

『군주론: 시민을 위한 정치를 말하다』의 338쪽
을 보시기 바랍니다. 마키아벨리는 군주의 새로운
전형을 세웁니다. 패러다임의 전환의 전형적인 군
주상입니다. 마키아벨리는 야단법석을 떨지 않고

조용히 말합니다.

스파르타의 나비스를 보라!

마키아벨리가 자기의 패러다임의 전환을 한마디로 이야기한다면, '스파르타의 나비스를 보라'입니다. 이 이야기를 하기 전에 전체 책 구조로 다시 들어가야 합니다. 1부는 1장에서 11장까지인데, 10장이 전체 결론이고 11장은 보론입니다. 10장 결론 앞에 괄호를 치고 형식상의 결론이라고 말하면 됩니다. 10장은 1부 전체를 정리하는 장이기 때문입니다.

군주국의 종류에 관계없이 군사력이 어떻게 측정되어야 하는지를 다룬 10장이 형식상의 결론이라면, 실질적인 결론은 9장 "시민형 군주"입니다. 9장의 마지막에 나오는 인물이 나비스입니다. 나비스는 스파르타의 군주입니다. 나비스에 대한 악평은 다양합니다.

나비스에 대한 평가는 다양합니다.

플루타르코스는 『영웅전』에서 나비스를 겁쟁이라고 평가합니다. 로마군이 쳐들어왔는데 도망갔기 때문입니다.

나비스가 폭군이라는 설도 있습니다.

나비스는 스파르타의 왕이 된 다음 질적 다수이자 양적 소수인 귀족과 부자에게서 재산을 몰수했기 때문입니다.

나비스는 그들에게 몰수한 재산과, 그들의 부인과 딸을 자기 지지자에게 나눠줍니다. 그 지지자는 지금 식으로 이야기하면 교도소에 갇혀 있는 깡패, 도둑, 살인범, 강도 같은 자들입니다. 그리고 그는 부자들이나 귀족, 왕족 전체를 죽이기도 하고 산에 버리기도 했습니다.

나비스는 잔인한 군주라는 설도 있습니다.

그가 세금을 거둘 때 부자들에게 한 방법은 잔인함의 극치입니다. 나비스는 부인 아페가의 모습을 본뜬 형틀로 고문 도구를 만듭니다. 부자들에게 "야, 세금 내"라고 말합니다. 그래도 내지 않으면 "그래? 자네가 내 말은 안 듣겠지만, 내 부인 아페가의 말은 들을 거야"라고 말합니다. 옆의 그림에 보는 고문 도구에 집어넣어서 꾹 눌러버립니다.

9장의 제목은 "시민형 군주국"입니다.
따옴표가 찍혀 있습니다.

마키아벨리는 1장에서 14장까지 글을 쓸 때 아주 철저하게 논문식으로 글을 씁니다. 항상 글을 쓰고 나면 논증에 해당되는 것들을 꼭 집어넣습니다. 아깝게도 시민형 군주국에서 성공한 사례가 없습니다. 마키아벨리도 적절한 예를 찾지 못했습니다.

여인 형상을 한 철침투성이의 고문 도구, 〈뉘른베르크의 처녀Eiserne Jungfrau〉(작자 미상의 우편엽서, 1921)

로마의 그라쿠스 형제 이야기가 잠깐 나옵니다. 또한 마키아벨리는 당대 피렌체의 조르조 스칼리를 예로 듭니다. 조르조 스칼리는 세척 노동자들인 촘피의 지도자였습니다.

그라쿠스도, 조르조 스칼리도
실패한 시민형 군주일 뿐입니다.

마키아벨리가 15년 넘게 책을 열심히 읽고 썼는데도, 시민형 군주국은 사실 존재하지 않는 이상 속의 이야기입니다. 마키아벨리가 군주와 시민이 결합해 하나의 국가를 건설해야 한다고 이야기했지만, 실제로 마키아벨리 당대에는 맹아기에 지나지 않습니다. 그것은 프랑스와 영국 같은 나라에서 절대군주제가 되었을 때, 비로소 싹트기 시작합니다. 그 이후 우리는 시민형 군주국을 보게 되고, 시민이 중심이 되는 국가를 보게 됩니다.

시민형 군주국은
따옴표 속의 국가이며, 이상 속의 국가입니다.

마키아벨리의 『군주론』의 여러 판본을 보시면 시민형 군주국에 따옴표가 쳐져 있는 것을 볼 수 있습니다. 마키아벨리가 처음부터 따옴표를 넣었는지 확인해보지 못했습니다. 실제로 다양한 판본을 보시면, 따옴표를 넣는 경우도 있고 안 넣은 경우도 있습니다.

만일 마키아벨리가 넣지 않고, 후일 어떤 편집자나 추종자가 따옴표를 넣었다고 가정해보시기 바랍니다. 그는 마키아벨리의 시민형 군주 찾기의 실패를 정확하게 지적합니다. 또한 시민형 군주가 실현되기는 무척 어렵고 힘든 길이라는 사실을 지적한 것이기도 합니다. 한마디로 표현하면 "시민형 군주국"은 미완성의 표시라는 뜻으로 보아도 좋습니다.

시민형 군주국의 사례에 관한 정확한 근거를 제

시하지 못한 마키아벨리가 시민형 군주국의 유일한
사례로 드는 것이 바로 스파르타의 나비스입니다.

비겁한데다가 폭군이며 잔인한 이런 군주를
왜 마키아벨리가 시민형 군주로 집필했을까요?

우리는 나비스를 잘 모르기 때문에 말할 수 없
습니다. 하지만 마키아벨리 당대에 이 글을 읽었다
면, 당시 사람들이 가장 전율했을 부분이 바로 이
대목입니다.

역사를 들여다보면
나비스는 대단히 위대한 군주입니다.

나비스 기원전 207년에 스파르타의 군주에 올랐
습니다. 당시 역학 관계를 보면 로마와 카르타고와
한창 전쟁 중일 때입니다. 뜨는 해가 로마이고, 지
는 해가 카르타고입니다. 로마가 카르타고의 한니
발과 전쟁을 통해 패권을 장악할 무렵입니다. 지중

해에서는 그리스를 둘러싸고 아카이야 동맹과 아이톨리아 동맹이 연합해 마케도니아를 몰아내려고 합니다.

마케도니아가 지중해에서 절대 강자가 되려고 하면서 그리스에서 전쟁을 벌였습니다. 스파르타는 기원전 222~207년 사이에 영토를 잃고 조그만 국가가 됩니다.

로마와 마케도니아의 성장기에 몰락한 국가,
스파르타의 군주가 바로 나비스입니다.

그리스의 역사를 보십시오. 아테네가 페르시아 전쟁에서 승리한 후 지중해 전체를 지배했고, 스파르타가 펠레폰네소스 전쟁에서 승리해 이 지역을 지배했습니다. 그다음에 테베가 지배합니다. 하지만 나비스 이전의 스파르타는 로마에 치이고 마케도니아에 치였습니다.

당시 스파르타는 대단히 약한 나라였습니다. 그토록 강력했던 스파르타의 전사들이 소멸되어버립니다. 스파르타 시민은 전사라는 직업 한 가지만 가질 수 있습니다. 스파르타의 시민은 상업도 농업도 종사해서는 안 됩니다. 이것을 법으로 규정했습니다.

스파르타는 종이호랑이였습니다.

부유한 자가 재산과 토지를 독점했습니다. 젊은 청년들, 다시 말하면 전쟁을 수행할 수 있는 전사들은 나라 밖으로 떠났습니다. 아기스와 클레오메네스 같은 스파르타의 위대한 청년 개혁 군주가 나라를 바꾸고 싶어 합니다.

전쟁을 수행할 수 있는 전사, 즉 시민을 늘리려고 아기스와 클레오메네스는 자신의 재산은 물론 자기 가족의 재산을 시민들에게 나누어줍니다. 스파르타의 귀족들이 이에 저항합니다. 청년 개혁 군주 아기스와 클레오메네스는 귀족들의 음모에 말려들어 사형을 당합니다.

그렇게 스파르타는 지중해에서
가장 찌질한 국가가 되었습니다.

그 뒤에 등장한 군주가 바로 나비스입니다. 나
비스가 군주가 되었을 때, 전쟁에서 싸울 시민이
100명도 되지 않았습니다. 스파르타가 한창 힘이
강할 때는 전쟁에서 싸울 시민이 한때는 7,000명
에서 1만 명쯤이었습니다. 그리고 아무리 적어도
1,000명 정도는 있었습니다.

당신이 전사가 100여 명뿐인 스파르타의 군주라면
어떻게 하시겠습니까?

지중해의 소국이자 약소국인 스파르타를 중흥
하려면 무엇을 해야 할까요? 어떻게 해야 할까요?
전쟁에 종사할 수 있는 시민을 늘려야 합니다. 나
비스는 집권한 후 귀족을 다 부릅니다. 그리고 "세
금 내뇨, 안 내뇨? 내 마누라 아페가한테 들어가면
세금 낼 걸?" 꾹꾹 눌러서 짜 죽입니다. 정말 잔인

합니다. 그리고 감옥에 있던 사람을 석방해줍니다.

감옥에 있다고 다 나쁜 사람은 아닙니다.

사회적 이유 때문에 죄를 지을 때가 많습니다. 장발장도 그런 경우입니다. 빈곤이 죄수를 만드는 경우가 무척 많습니다. 나비스는 감옥에 갇혔던 사람을 석방하고 자기 지지자들로 만들어 귀족과 부자의 딸들과 결혼시킵니다.

세금을 걷는다는 것은 부자의 힘을 약화하고, 군주의 힘, 다시 말하면 국력을 키웠다는 뜻입니다. 죄수를 석방해서 귀족과 결혼시킨 것은 시민을, 전쟁을 할 수 있는 전사를 늘렸다는 뜻입니다.

나비스의 정책은 성공을 거둡니다. 나중에 로마한테 맞짱 뜰 정도였지만 전쟁에서 집니다.

나비스는 죽었습니다. 로마는 전쟁에서 승리한

후, 새로운 정책을 펼칩니다. 로마는 스파르타에 있던 시민들, 다시 말하면 나비스 덕분에 시민이 되었던 자들에게 스파르타에서 살지만 않는다면 각자 재산을 갖고 어디로 가도 좋다고 선언합니다.

놀라운 일이 벌어집니다.

나비스 덕분에 시민이 되었던 자들 중 누구도 스파르타를 떠나지 않았습니다. 로마는 덜컥 겁을 먹습니다. 거대 강국 로마가 왜 겁냈을까요?

"스파르타에 나비스 같은 군주가 또 나타난다면, 스파르타를 다시 스파르타답게 만들고 스파르타의 과거의 영광을 찾아줄 수만 있다면, 나는 로마의 노예로 살지언정 스파르타를 떠나지 않겠다."

한때 도둑, 강도, 살인범이었던 죄수들이 스파르타의 진정한 시민으로서 선언합니다. 로마 입장에서 어떻겠습니까? 초대강국 로마는 스파르타 안에 잠재적 폭탄을 안고 사는 것과 마찬가지입니다. 마키아벨리는 시민형 군주국을 이야기한 다음에 역사적 사례가 극히 희박한 나비스를 끌어들여서 말합니다. "나비스를 보라. 내가 보기에 나비스는 시민형 군주의 전형이다!"

왜 마키아벨리는 나비스를
시민형 군주의 전형으로 내세웠을까요?

"나비스는 로마와 마케도니아라는 두 강대국 사이에서 정말 나라를 잘 지켜냈고, 대단히 잘 싸웠고 스파르타를 잘 유지한 군주야! 대단히 멋있지 않아? 그리고 그 멋있는 군주가 어떻게 나타났겠어? 바로 시민을 위한 정치를 했기 때문이야."

나비스가 귀족과 부자에게는 잔인하고 교활하고 인색할지 몰라도 양적 다수인, 질적 소수의 시민들에게는 정말로 활수했고, 정말 자비로운 군주였습니다.

나비스야말로 정말 진정한 군주라고 선언합니다.

1부의 주제는 군주가 시민에게 좋은 선물을 하는 것입니다. 2부의 주제는 시민이 좋은 군대를 군주에게 선물로 주는 것입니다. 스파르타의 나비스는 시민에게 좋은 선물을 베풀고, 시민에게 좋은 선물을 받은 군주 중의 군주입니다.

앞에서 마키아벨리 당대의 지식인, 귀족, 군주들이 『군주론』을 읽을 때 가장 전율했던 곳이 나비스 부분이었을 것이라고 말했습니다. 여기서 우리의 의문은 해소됩니다. 양적 소수인 질적 다수, 귀족, 부자, 군인들의 입장에서 나비스는 가장 무서운 적이었던 것입니다.

마키아벨리는 1부 실질적 결론 부분인 9장 마지막에서 '스파르타의 나비스를 보라'고 말합니다.

아, 김홍도!

사과는 패러다임 전환의 상징입니다.

코페르니쿠스적 전환, 콜럼버스의 달걀은 패러다임의 전환입니다.

마키아벨리도 페러다임을 근본적으로 전환합니다.

마키아벨리는 양적 다수와 양적 소수의 문제를 질적 소수와 질적 다수라는 패러다임의 전환을 통해 시민이 주인이 되는 국가를 예언합니다. 그는 이상 속의 윤리가 아니라 현실 속의 윤리를 바라봅니다. 그는 현실 속의 윤리가 무엇을 위한 것인지를 이야기합니다.

마키아벨리는 군주 자신만을 위한, 자신만의 목적을 위한 인색함, 교활함, 잔인함이 아니라 양적 다수를 고려한 현실 속 인간의 인색, 잔인, 교활이 중요하다고 강조합니다. 이상 속의 군주가 활수, 자애로움을 모토로 한다면, 정글 같은 현실 속의 군주는 다수를 위해 인색해야 하고, 교활해야 하고, 잔인해야 합니다.

마키아벨리의 윤리는
평범한 우리도 반드시 갖추어야 할 덕목입니다.

이상 속 인간이 아니라 현실 속 인간이 어떻게 생활해야 하는지와 관련해 윤리의 패러다임 전환을 마키아벨리가 이끌었다는 점을 이해하면, 그에 대한 흑역사를 벗겨낼 수 있습니다.

저는 김홍도를 무척 좋아합니다. 도서관에서 화보집이나 인터넷에서 그림을 즐겨 찾아봅니다. 그중에서도 김홍도를 상당히 자주 찾아봅니다.

김홍도의 그림에는 발상의 전환, 패러다임의 전환,
붉은 사과보다 더 붉은 전복의 상징이 있습니다.
김홍도의 그림에는
놀랍게도 왼손잡이가 무척 많습니다.

〈춤추는 아이(舞童)〉, 단원풍속도첩(김홍도, 국립 중앙박물관 소장)

〈빨래터(漂母)〉, 단원풍속도첩(김홍도, 국립 중앙박물관 소장)

〈춤추는 아이〉을 보십시오. 장구 비슷한 갈고라는 악기를 치는 악사, 피리 부는 악사 중 한 악사, 대금을 부는 악사도 나옵니다. 김홍도는 왼손잡이와 오른손잡이를 동시에 한 화폭에 넣음으로써 그림을 무척 동적으로 표현합니다. 〈빨래터〉도 보십시오. 한 여인이 왼손으로 빨래 방망이를 들고 치고 있습니다. 김홍도의 다른 그림도 찾아보시기 바랍니다. 왼손잡이가 정말 많이 나옵니다.

서양의 위대한 화가들의 그림을 살펴보시기 바랍니다. 거짓말 조금 보태면 거의 100퍼센트 오른손잡이입니다. 그림을 무심결에 하나씩 넘겨보시기 바랍니다. 모두 오른손잡이를 표현하고 있어, 질식할 것 같은 인상을 줍니다.

김홍도는 패러다임 전환의 화신입니다.

활과 관련된 그림을 보십시오. 활쏘기를 배우는 사람은 왼손잡이입니다. 중요한 것은 활을 가르치

〈활쏘기(射弓)〉, 단원풍속도첩(김홍도, 국립 중앙박물관 소장)

는 교관이 왼손잡이를 오른손잡이로 교정하려고 애쓰지 않습니다. 오히려 왼손잡이가 왼손으로 활을 잘 쏘게 교정해주고 있습니다. 이것이 진정한 교정입니다.

김홍도 그림은 매우 익살스러운데, 왼손잡이에 대한 애정이 많습니다. 우리는 오른손에만 익숙해서 왼손을 생각하지 않을 때가 많습니다. 우리는 태어나면서부터 원하건 원지 않건 간에 오른손잡이 중심으로 교육을 받습니다.

그런데 손만 그렇겠습니까? 우리의 의식에 대한 체계적 왜곡과 교정은 계속됩니다. 윤리가 됐건 도덕이 됐건 정치가 됐건, 영화나 책에서건 처음부터 끝까지 우리를 계속 의식화합니다. 현실이 아니라 이상 속에 살도록 합니다. 현실이 아니라 어떻게 하면 어떻게 올바르게, 'right'하게 살아야 하는지를 끊임없이 교육받습니다.

모든 교육이 이상 속의 인간으로 살아가라고 가르칩니다.

텔레비전 뉴스를 통해서건 음악 가요를 통해서건 계속 올바르게 살라고만 합니다. 라이트, 라이트, 올바르게, 올바르게! 그 라이트 때문에 레프트를 보지 못합니다. 레프트와 라이트는 한 몸의 오른쪽과 왼쪽일 뿐입니다. 오른쪽만 있어도, 왼쪽만 있어도…….

올바르게 사는 것이 무엇인지 질문하려면 두 발을 땅에 대야 합니다. 현실 속에서 올바름을 추구하려면, 두 발을 땅에 대야만 진정한 올바름이 나옵니다. 이상에 대한 교육을 받는다고 해서 올바름은 나오지 않습니다.

가장 올바른 방법은 타자와 관계 속에서 내가 제대로 주고받는 것입니다. 한나 아렌트가 말했던 행위, 즉 소통하는 인간입니다. 마키아벨리가 처음부터 하고 싶은 이야기는 선물입니다. 군주나 대통령은 좋은 정책을 시민에게 선물로 주고, 시민은 정치인에게 정치적 지지를 보내면 됩니다. 이것이 가장 올바른 현실 속에서 선물 주고받기입니다. 이것은 기업이나 학교에서도 마찬가지입니다.

어떻게 현실 속에서 올바름을 추구하는 것, 올바른 선물을 주고받는 것이 가능할까요?

현실 속 인간을 바탕에 두어야 합니다.

현실 속 인간을 바탕으로 교활함과 인색함 등을 논의했을 때, 윤리나 정치에서 급격한 패러다임의 진환이 나타납니다. 대구 사람이니까, 전라도 사람이니까, 경북 사람이니까, 광주 사람이니까, 같은 학교 출신이니까, 이런 것은 잘못된 것입니다. 뻔히 알면서도, 계속 그런 방식으로 주고받기를 합니다. 잘못된 선물을 주고받는 것입니다.

좋은 선물을 주고받는 것은
생각보다 어렵지 않습니다.

그와 관련해 김홍도의 그림은 중요한 점을 전해
줍니다. 김홍도의 민화는 '다수가 오른손잡이인 세
상에 대해서 왼손잡이가 어때서. 왼손잡이를 넣으
니까 훨씬 더 그림이 동적이라 좋잖아'라고 강변합
니다.

김홍도는 천재 중의 천재입니다.

만약 김홍도가 오른손잡이로만 그림을 그렸다
면 어떻겠습니까? 김홍도는 왼손잡이를 오른손잡
이로 교정하려고 하지 않습니다. 김홍도는 오른손
과 왼손이 어우러졌을 때 세상이 훨씬 더 동적이라
고 말합니다.

우리는 올바른, 라이트가 무조건 올바르고 레프
트가 무조건 잘못되었다고 생각할 것이 아니라, 현

실 속에서 나와 우리를 바라보고 국가를 바라보는 것이 중요합니다. 나만이 아니라 우리라는 틀 속에서 관계를 바라보는 것이 가장 올바른 태도입니다.

김홍도는 현실 속의 이상향을 보여줍니다.

김홍도는 현실 속의 우리가 어디로 향해 가야 할지를 보여줍니다.